浙江省教育规划课题
"新时代集体主义教育的区域实践研究"
(2020SC036)成果

PARENTS CAFÉ

NEW IDEAS ON THE FAMILY-SCHOOL EDUCATION
INTEGRATION FOR MORAL EDUCATION

家长咖啡厅
德育工作家校一体化新思路

唐西胜　沈　洪◎编著

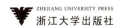
浙江大学出版社

神秘咖啡园——"家长咖啡厅"线下场景

序

　　家庭是人生的第一所学校,父母是孩子的第一任老师。家庭教育是教育孩子的起点和基点,家庭教育的好坏将直接影响孩子的一生。习近平总书记指出:要重视家庭建设,注重家庭、注重家教、注重家风。2015 年,教育部印发了《关于加强家庭教育工作的指导意见》;2016 年,全国妇联等九部门共同印发了《关于指导推进家庭教育的五年规划(2016—2020 年)》;2019 年,浙江省出台了《浙江省家庭教育促进条例》,这是浙江省首次为家庭教育立法。广大家长对开展家庭教育指导也有迫切需求,全社会形成了重视家庭教育、加强家庭教育的浓厚氛围。

　　但是,我们也看到了当前中小学生家庭教育中呈现出较多问题。北师大中国基础教育质量监测中心和北师大家庭教育研究中心联合发布的《全国家庭教育状况调查报告(2018)》显示,部分家长不尊重孩子、几乎不与孩子沟通,家庭教育存在一定程度的"重智轻德""重身体健康轻心理健康"倾向等问题。我们研究发现,不少家长在家庭教育观念上存在着误区,认为"孩子的问题要靠我来解决""你听我的就好了""我做什么都是为你好"等等,以至于家长常会表现出对孩子不放心、不信任;较多家长对孩子有过高的期望,在家庭教育方式上存在问题,常常采用指责、责备、训斥、说教、讲大道理、命令、警告等"不接纳的语言"对孩子提要求,有些家长采取打骂或者不管不问的方式,从而引发较多亲子矛盾冲突,甚至对孩子的心理造成伤害。因此,家长需要通过不断学习科学的家庭教育理念与方法,不断提升自身素养,更新家庭教育观念,提高家庭教育能力,才能真正成为孩子健康成长的促进者。

　　家庭教育与学校教育在孩子成长过程中有着各自独特的作用,学校教育是学校针对所有适龄儿童进行的专门性、系统性的教育,具有普遍性的特点,强调的是共性的教育;家长是孩子的启蒙老师,家长的言行举止对孩子起到潜移默化的作用,家庭教育注重培养孩子良好的道德品质和良好的行为习惯,更具有及时性特点,强调的是个别化教育。因此,家庭教育与学校教育需要相互协同、相辅相成,形成合力,才能共同促进孩子的健康发展。

在此背景下,以共同愿景、平等尊重、自主合作、共学共享为表现形态的家校合作学习共同体——"家长咖啡厅"应运而生。它是一种以提升家庭教育水平为共同目标,按一定的规则和程序开展,以分享和讨论为主的小型组织。"家长咖啡厅"家校合作学习模式,强调以家庭教育实践问题的解决为指向,突出多元主体的协同参与,强调多元主体的平等对话,注重多元主体价值的发挥,是推进家庭教育治理体系和治理能力现代化的一次有益的实践尝试。

这种新型的小微型学习组织把对学生最具影响的两个社会机构——家庭、学校联结成共同体,呈现出家校共学、互学模式。在学习共同体中,作为学习者的家长具有较为一致的以"促进孩子健康成长"为共同愿景的价值取向。在这种共同倾向性下,家长向教师、其他家长、专家学习,提高自身的修养、素质和教养能力。其间,家长对学校工作产生价值认同,更加支持学校教育。同时,教师可以向家长了解学生更多成长背景、性格特征,利于促进家校教育的协调一致。

杭州市下城区"家长咖啡厅"作为一种文化传承载体,通过建立新的家校共育模式、新的家校共育机制促使家校合作,是一种优势互补、共同成长的文化共同体。这也是下城区实施新时代集体主义教育的一次非常有意义的实践探索。此次编辑的家长咖啡厅的 6 个专题,呈现了共同体学习的全过程,从中看到了大家怀着共同的理想,互信、包容、支持、协作开展家庭教育工作。在这个学习共同体中,每个人的想法都得到充分尊重,人和人结成了伙伴关系,形成外在和谐统一与内在精神合一的联盟。每个人都积极融合其间,并主动发挥自己独有的作用,形成开放、共治、共享、共赢的促进学生健康发展的家校合作学习共同体。

家庭教育最终将决定整个社会的价值取向,是全民族的大业。重视和抓好家庭教育,是关系民族素质培育和提高的一项基础工程。杭州下城家校学习共同体的探索与实践为构建新时代的家校关系,促进孩子们健康成长做出了贡献。

高亚兵[*]

2020 年 3 月

＊　高亚兵,浙江外国语学院教育学院党总支书记、心理学教授,中国家庭教育学会宣传教育专业委员会理事,"浙江家长学校"常驻专家。

目　录

上　篇

"家长咖啡厅"模式的理论认知

"家长咖啡厅"

——多元主体协同参与的家庭教育治理实践模式

一、"家长咖啡厅"的缘起

2019 年 3 月,杭州市下城区"双新名师智慧空间站"导师、省特级教师唐西胜提出与区德育研究室合作打造一个促进家校一体化、协同育人的创新载体——"家长咖啡厅"。经过科学论证,我们明确了家长咖啡厅的价值理念、组织形态、实施流程、运作机制等。随后,"家长咖啡厅"从提出、论证较快进入实践运作阶段,4 月便成功举办了第一期活动——"幼升小"路上的惑与解。

在其提出与建设中,我们立足于以下思考。

(一)国家战略

育人为本,德育为先。用习近平新时代中国特色社会主义思想铸魂育人,贯彻党的教育方针,落实立德树人根本任务,需要全体教育人不断努力,也需要全社会共同承担起这一历史责任。这就需要建立健全统筹协调、多方协同的"全社会共同参与的教育治理新格局",形成学校、家庭、社会协调一致的育人合力。

党的十八大以来,习近平总书记在不同场合多次谈到要"注重家庭、注重家教、注重家风",强调"家庭的前途命运同国家和民族的前途命运紧密相连"。2018 年在全国教育大会上,习近平总书记从"四个第一"的高度对家庭教育做了深刻论述,指出"家庭是人生的第一所学校,家长是孩子的第一任老师,要给孩子讲好'人生第一课',帮助扣好人生第一粒扣子"。总书记的讲话对新时代家庭教育和家校一体化工作具有重要的指导意义,为科学构建全员育人、全程育人、全方位育人的德育工作新格局指明了方向。

《中共中央国务院关于深化教育教学改革全面提高义务教育质量的意见》明确指出:"加强社区家长学校、家庭教育指导服务站点建设,为家长提供公益性家庭教育指导服务。"把国家立德树人战略、习近平总书记讲话精神落到实处,需要有落地的平台,有实践的载体。"家长咖啡厅"就是立足社区、开展公益性家庭教育指导服务的有效载体和有益的实践探索。

(二)区域探索

下城区地处杭州市中心城区,有雄厚的教育基础,有浓厚的家庭教育氛围,也有良好的家校合作文化传统。一直以来,区德育研究室坚持德育创新的理念,始终重视家庭教育,以"家教优、家风正、家庭美"为家庭教育工作目标,以家校一体化为抓手,以"三三三"家校协同为主要策略,协同合力办好孩子"人生第一所学校",打造了杭州市乃至浙江省的一张德育金名片。

"三三三"家校协同策略如下:(1)注重"三条途径":开设"区+片+校"三级家长课堂、提供家庭教育指导课程、搭建家庭教育交流平台。在浙江省规划课题"家校联盟:协同教育机制的新探索"引领下,探索"区+片+校"三级模式家长课堂,2017年9月至今,举办各级各类家长讲堂近千场,受益家长2万余人次。35名优秀教师组成的下城区家庭教育微课程建设团开发了系列线上线下家庭教育精品课程,出版发行了以社会主义核心价值观为引领的《家庭生活新微语》,搭建了家庭教育交流平台。近两年,下城区分别在杭州国际青少年峰会和"一带一路"青少年模拟联合国峰会上举办家长论坛。论坛集结了国内外家庭教育相关领域的高水平专家进行深入交流和研讨,促进了家庭教育与社会发展的多元协同与整合。

(2)弘扬"三种文化":重拾家书文化、厚植清廉文化、倡树公益文化。下城区开展"习家训,谈家风,写家书"为主题的"武林家书"征集活动。家庭成员之间用书信沟通的方式,将事理和亲情融合、言训与德育并用,以此促进家书文化的建设。建立"清风廉政教育基地",家校携手精心打造以"一道清风长廊""一段清风评书""一场清风微电影""一个清风书画展"为载体的家庭教育基地,将家风文化通过不同形式予以展现。为了倡树公益文化,突破家长志愿者"校级"的界限,搭建区域平台,组建100人规模的区级家长志愿者服务团队,引导家长自愿发挥各自专业特长,为学生成长提供良好的条件。

（3）开展"三类活动"：晒"最美故事"、寻"最美家庭"、传"最美风尚"。下城区组织开展"家庭亲情语音故事"分享大赛，倡导孩子与家长之间的心理互助和心灵关爱。1000个语音故事晒出了家庭幸福，讲出了家庭故事，展出了家庭文明，秀出了家庭梦想。下城区开展了两年一届的寻找"最美家庭"活动。一批以德治家、创业富家、文明立家、学习兴家、平安保家、廉洁守家的家庭典型被挖掘。组织家庭自编、自导、自演、自拍情景剧，用自家事、身边事讲述家庭和睦、邻里和谐的典型故事，传播社会主义核心价值观。"下城教育"微信公众号同步推送，倡导爱国爱家、相亲相爱、向上向善、共建共享的社会主义家庭文明新风尚。

"三三三"家校协同的德育一体化格局，使学校教育和家庭教育"同步"，教师和家长"同心"，学校和社会"同力"。

为进一步推进德育创新，下城区开启了新时代集体主义教育的研究与实践，并成功入选浙江省教育规划重点课题。在中国教育科学研究院有关专家的具体指导下，我们对新时代集体主义教育的内容、组织形式、方式方法等进行科学研究与探索。家校一体化也是新时代集体主义教育研究与实践的重要内容构成。在新的形势下，创新家校一体化的理念、方式、载体和路径，构建家、校相向而行的德育新机制，成为下城区德育工作的新挑战。

（三）学校实践

学校是家校一体化实践与创新的主体。每所学校在家校一体化的模式、路径、策略、制度与机制等方面做了大量的、卓有成效的研究与探索，也取得了较为丰富的实践成果，对于改善家校关系、增强家校合力、提升家教水平以及完善学校德育工作体系具有重要意义。

无论是国家层面的战略指向，还是区域、学校诸多的实践探索，无疑为我们持续研究和创新奠定了良好的基础。与此同时，我们也理性反思了当前家校一体化实施中还存在的困难与问题：家校合作理念更新不够，家校合作意识意愿不强；家校地位关系不平等，较多的家校合作属于外生性学校主导模式，家长处于被动服从地位，参与积极性不高；家校合作较多地表现为事务性合作，而不是基于学习型组织建设的合作；家校双方彼此交流的渠道比较单一，没有连续性，活动零散，且家校沟通缺乏深度对话交流；家校合作水准不高，成果难以分享与共享等。

正是基于对家校一体、协同育人的德育价值的科学认知，基于对当前运转过程中存在的问题清晰准确的把握，下城区部分骨干教师开启了具有创新意义的团队行动。

（四）教师行动

唐西胜双新名师智慧空间站建站以来一直都在努力探索教师的师德师风建设，探索学校、学生德育工作的协同性和创新性。

2014 年 6 月，在暑假来临之际，"双新名师智慧空间站"在特级教师唐西胜导师带领的青年教师团队精心策划下，创办了"双新小候鸟驿站"，决定利用暑假时间开展"小候鸟驿站"行动。"小候鸟"是指因父母外出打工，无奈留在老家上学，到了暑假来到城市与父母短暂团聚的孩子。因父母无法陪伴，他们被迫在狭小的家里"二次留守"，并由此产生了诸多的问题：安全隐患问题、心理健康问题、德育缺失问题和学习缺乏辅导问题等。"双新小候鸟驿站"以暑假来杭州和父母团聚的"留守儿童"为主要对象，以全程、全员、全方位育人为宗旨，以"奉献爱心、锤炼师德、共同成长"为青年教师的价值追求，通过青年教师志愿者行动，对"小候鸟"施以专业化的陪伴和人文化的关爱，让他们学习有辅导、游玩有引导、安全有指导、德育有启导，为家长解后顾之忧，让孩子们在杭州度过快乐的暑假时光，使学校德育工作在假期、校外、异地实现时空的无缝衔接。青年教师则通过参与小候鸟驿站志愿者行动，从校园走向社区，在参与社会实践、社会治理中锤炼师德，提升爱的素养和能力，增强对社会责任感的认知与责任承担。

"双新小候鸟驿站"一经推出，就受到了家长、学生和社区的热烈欢迎，报名踊跃。社会各界以及志愿者也给予了极大的支持和帮助，纷纷捐物、捐钱，出人、出力、出课程。各大媒体纷纷报道，《浙江日报》六年全程报道，《钱江晚报》《杭州日报》《中国教育报》以及浙江省教育厅门户网站等多次跟踪报道。浙江省委书记亲自批示，杭州市委主要领导到"双新小候鸟驿站"亲自慰问调研。经过六年的悉心经营，驿站从一个增至六个，并从杭州辐射到贵州，与国家精准扶贫战略对接，与贵州黎平县德凤街道中心小学合作开办了"侗情家园"。400 余名志愿者、60 多家爱心企业先后参与这项爱心工程，服务来自 15

个省区市的 624 名中小学生,温暖了这些孩子身后的家庭。六年的创新探索,小候鸟"驿站"已经成为汇聚大爱、成长师生的人生驿站,更是建设新集体、开展集体主义教育、立德树人的德育实践基地。"双新小候鸟驿站"被全国总工会授予"全国爱心托管班"光荣称号,"双新小候鸟驿站"的优秀志愿者蔡静老师于 2019 年 12 月被授予杭州市第六届"最美杭州人——感动杭城十佳教师"光荣称号。

"双新小候鸟驿站"的成功运作,是全员、全程、全方位育人理念下的德育载体创新,是全社会协同育人的生动实践。"双新小候鸟驿站"在运作过程中,更为深刻地感知家庭教育与家校一体化的重要性以及当前存在的一些问题和困难。于是,唐西胜双新名师智慧空间站进一步加强德育研究,重点关注家校一体化的理念更新、组织创新和方式方法、机制的创新,借助"世界咖啡"的理念与会谈方法,提出并创设了"家长咖啡厅",并与下城区德育研究室合作共同实施,运行一年多来,社会反响较好,共享成果丰富。

二、"家长咖啡厅"模式的内涵

"家长咖啡厅"是一种小微学习型组织,以提升家庭教育水平为共同目标,按一定的规则和程序开展,以分享和讨论为主进行小团体学习。其呈现出以下主要特性:第一,是一个自助式的学习团体。其主要由唐西胜双新名师智慧空间站和德育研究室等专业团队和志愿者公益项目组等民间团体负责召集组织,虽然接受了一定的政府支持,但基本上属于自助性团体。同时,始终强调不收取任何费用,保证非营利特性。第二,是一个合作式的学习团体。"家长咖啡厅"的参与者需结合主题分头负责搜索话题,发现自我家庭教育经验与教训,重视合作与共享。参与者在相互支持、奉献下,充分得到经验、观点和知识上的分享。第三,是一个民主式的学习团体。"家长咖啡厅"是通过充分的沟通和协商而开展工作的,由成员自行决定运作的内容和方式,成员关系彼此平等,具体领导者仅仅扮演促进的角色而非教师,更不是决策者。第四,是一个自愿性的学习团体。"家长咖啡厅"成员基于自由意志,自愿参与,不受外界压迫,来去自如。在具体运行中,参与的成员均根据自己感兴趣的主题和话题,通过网络自愿报名参与活动。第五,是一个非正规的学习团体。"家长咖啡厅"的组织与运作,重视因时、因事、因家制宜,强调其活泼性和弹性原则。比如,在时间安排上,较多选择在周六、周日,以保证各方参与的时间机会。主题的确定强调应景,契合家长、学生的需求。

"家长咖啡厅"是一个学习团体的准确定位,有助于我们科学地定义"家长咖啡厅"模式:借助"世界咖啡"的理念,以咖啡为互动媒介,在第三方空间——"咖啡厅",家长、教师、学生和专家共同围绕家庭教育议题开展平等对话,在对话中寻求家庭教育问题的解决,探寻多元主体协同参与的创新型家庭教育治理实践模式。

"世界咖啡"是构建学习型组织的基本方法,是团队协同共进的高效工具,是"用对话解决问题、找到方案"的学习方式,在一种真诚互利和共同学习的精神下把人们汇聚一堂,营造朋友聚会式的休闲氛围,让背景各异、观念不一,甚至素不相识的人能够围坐在一起,进行心无障碍的轻松交流,让深藏的思想碰撞出火花,形成集体的智慧。[①] "家长咖啡厅"模式的创建和运行借鉴了世界咖啡的核心理念:平等对话、多元参与、问题导向。

"家长咖啡厅"模式以家庭教育实践问题的解决为指向,突出多元主体的协同参与,强调多元主体的平等对话,注重多元主体价值的发挥,是推进家庭教育治理体系和治理能力现代化的实践尝试。在运行过程中,学生作为家庭教育议题的当事人和主人公,能够直接、开放地发出自己的真实声音,讲述事件的真相,或是表达自己的诉求与观点。家长作为家庭教育议题的直接相关者,既能作为议题的发起人,表达自己在家庭教育中遇到的困惑与难题,也能及时分享自己对某些议题的经验与态度,在平等对话中增长家庭教育的经验。教师作为家庭教育的指导者,能够从家校协作的角度,为家庭教育议题的解决提供经验指导。专家在这一模式中则能够从理论的高度和科学的立场,为家庭教育议题的解决提供科学规范的指引和建议。

"家长咖啡厅"模式的提出是对当下时代背景的应答。"家长咖啡厅"模式就是立足于社区,且为家长提供公益性家庭教育指导服务的有益尝试。另外,《中国教育现代化2035》指出:推进教育治理体系和治理能力现代化,建立多元

---

① 姜美玲.教师实践性知识研究[D].上海:华东师范大学,2006.

参与的协同治理新机制,这是教育现代化的重要保障。"家长咖啡厅"模式倡导的"学生＋家长＋教师＋专家"的多元主体协同参与的家庭教育治理模式即是在家庭教育领域进行的教育治理体系和治理能力现代化的实践探索。

三、"家长咖啡厅"模式的理念及特点

（一）"家长咖啡厅"模式的主要理念

"家长咖啡厅"模式倡导多元协同参与、平等对话、实践导向和共建共享的理念。

多元协同参与理念强调改变以往家校协作模式中教师与家长两类主体的单一互动,引导家庭教育议题的真正主体——学生参与到家庭教育活动中来,倾听学生的心声。同时,引入高校专家,为家庭教育议题的解决提供科学、合理的建议,提升了家庭教育的科学性。

平等对话理念强调各类主体均是平等的,都可以自由地表达自己的观点,改变了以往家校协作固定在学校、家庭两端操作的模式,选择在第三方场所——"家长咖啡厅"轻松平等地开展交流活动。

实践导向理念强调这一模式中的家庭教育议题以家长在日常家庭教育实践中遇到的真实的情境性问题为主,通过各类主体的对话和交流,寻求现实问题的解决,摆脱以往家校协作中理论性过强而问题解决能力较弱的弊端。目前实施的"走稳幼小衔接第一步""家有学娃'小升初'""读懂青春期,收获小欢喜"等七个主题都是家长遇到的现实困惑与问题,具有较强的针对性。

共建共享理念强调这一模式致力于打造德育共同体,构建家校一体、社会协同的育人机制,动员多方力量,整合智力、人力资源,共商德育话题,共建德育载体,共享对话成果。共同体是人们在共同条件下形成的集体,在"家长咖啡厅"这个新的集体中,参与者优势互补,共同提高,促进集体智慧的形成,共享彼此资源的"溢出效应"。

（二）"家长咖啡厅"模式的主要特点

"家长咖啡厅"模式具有多元参与性、真诚合作性、平等对话性、科学有效性和实践导向性等鲜明特点。

多元参与性即让学生、家长、教师和专家这四类主体共同加入家长咖啡

厅,让家庭教育议题的直接相关者学生及家长与家庭教育的指导者中小学教师和高校教育专家共同参与问题的对话和解决。每个人为"问题解决"提供多元视角与思维,协调整合多方资源,创造智慧碰撞的契机,为形成集体智慧奠定良好基础。

真诚合作性即以"世界咖啡"理念为指导,发挥场景的隐性价值,开辟学校、家庭之外的"第三空间",让参与者获得充分的"心理安全"和"心理自由"。[①]以"咖啡厅"为环境特色,营造一种制度化的文化环境,创设一种轻松愉悦、坦诚交流的对话环境。成员之间相互分享、相互理解、相互诘难、相互启迪,在共同探究、彼此协作中达到对探讨内容的深层理解,形成解决个人问题的集体智慧。

平等对话性即学生、家长、教师和专家四类主体在对话中均是处于平等地位的,并无权威和等级的区分,四类主体均以家庭教育问题为中心,立足于各自的身份与经验,平等地开展对话。倡导"大众教育大众的理念"[②],每一个人都可以当"先知者",每一个人都可以成为倾听者、学习者和建言者。"家长咖啡厅"的本质在于主体间基于交往的平等对话[③],主持人和主办者角色定位于这种多元对话的策划者、组织者和建构者。

科学有效性即通过中小学一线教师和高校专家的引入,既为对话增加了实践经验的指导,也为对话提供了科学理论的保障,极大地提升了家庭教育议题解决的科学性和有效性。"家长咖啡厅"强调参与者问题梳理、案例提取和充分准备,鼓励开展"高水平、实质性对话"[④],确保活动的科学有效性。

实践导向性即在家长咖啡厅中所讨论的议题均为围绕家庭教育现实中出现的真实问题展开,在教育学、心理学等专业理论的指导下,突出实践性,强调实际问题的解决,摒弃坐而论道,避免专家"一言堂"的讲座灌输,规避过多学术化理论的输入,使家长咖啡厅成为参与各方"学以致用"的纽带和桥梁。

---

① 蔡春.德性与品格教育论[D].上海:复旦大学,2010.
② 唐雁飞.我国基础教育中精英教育的反思与重建[D].南宁:广西大学,2015.
③ 段元秀.西方政治思想中的共识理论研究:从"个体同意"的共识到"对话与交往"的共识[D].天津:天津师范大学,2015.
④ 苗学杰.融合的教师教育:教师职前教育中理论与实践关系研究[D].长春:东北师范大学,2012.

四、"家长咖啡厅"模式的操作流程、运作方式及运作机制

（一）"家长咖啡厅"模式的操作流程

第一，设定情境。主要包括三方面：主题、参与者和外在因素。

明确家长咖啡厅的主题，清楚知道把人们召集到一起的目的以及所期待的最好效果。

确定应该找哪些参与者参加，除部分家长、教师、学生等可以通过网络线上自愿报名参加外，要特别邀请对深度交流有所影响、有引领作用的参与者。每个参与者提前做好"搜索"与主题相关的问题与话题的功课。较为重要的是如何吸引长期和稳定的参与者。

考虑好运行时涉及的因素（如时间、费用、场所、设备、记录等），考虑事后的评价及跟踪工作，做好资料的收集与整理，做好宣传与分享。

第二，创设平等友好的氛围。开辟学校、家庭之外的"第三空间"，营造热忱欢迎的环境，一种让人们感到舒适、安全，能坦诚交流的学习环境。

第三，开展小组圆桌对话与互助活动。4～6人分小组围绕主题分享个人教育孩子的故事（包括家庭教育和学校教育）、经验和困扰，并用文字、图画等方式记录下重点的观点和看法。组长负责组织大家的讨论并维持秩序。

第四，组织集中交流活动。各小组推荐2～3个代表将本小组的主要困扰、主要观点、解决办法等进行汇报，并鼓励其他组贡献自己的经验与观点。

第五，专家支着儿。专家就本次"咖啡厅"主题以及对话、互助的结果，发表观点，智慧碰撞，高位引领。

第六，收获、分享共同的智慧与成果。将家长咖啡厅的会谈成果及时梳理，通过网络平台或以资料汇编等方式，实现区域家长、教师共享，较好指导家庭教育和学校德育工作。

第七，改变与行动。实践取向是家长咖啡厅的重要理念。活动结束后，家长、教师、学生乃至专家以不同的方式开展教育实践，并通过网络群组分享个人的改变、实践成果以及遇到的新困惑。

第八，效果的总结与改进。每次活动结束后进行全程的复盘和总结，让每一位活动的参与者帮助提出改进意见，做好反馈意见的收集，以反思并改进下

次活动。

附:2019 年"家长咖啡厅"(第一期)"'幼升小'路上的惑与解"活动方案

一、目的与目标

以"家长咖啡厅"为平等对话、互动交流平台,以共建、共智、共享为核心理念,通过多元参与、平等对话、专家引领、家校协同等方式,共同认知"幼升小"教育政策,共同探讨幼小衔接的要点与方法,调节家长心态,制定适合自己孩子的个性化准备方案。

二、活动主题

"幼升小"路上的惑与解

三、活动时间

2019 年 4 月 20 日(周六)上午 9:00—11:30

四、活动地点

神秘园咖啡园(求是路 22 号)二楼活动区

五、参加人员构成及报名办法

下城区各幼儿园大班孩子家长代表 25 名;小学一年级"智慧家长"代表 2~3 名;小学一年级青年班主任代表 2 名;专家 2 名;项目组全体志愿者。

实行网上自愿报名,额满为止。

六、活动流程

9:00—10:00:小组圆桌交流与互助

10:00—11:30:集体对话,观点分享

11:35:合影留念,活动结束

七、人员分工(略)

(二)"家长咖啡厅"模式的运作方式

"家长咖啡厅"模式实施线上线下混合式运行方式,具体表现为以下四方面。

第一,多样化场景选择。我们建设线上虚拟和线下实体两种形态的"家长咖啡厅",形成线上线下多样化场景选择,并达成优势互补。场景选择主要是

根据不同主题、不同人群的需求以及不同的社会环境与条件等,如新冠肺炎防疫抗疫期间的"居家隔离""居家学习"的学习情境下,第七期"做个不焦虑家长"主题活动就选择了虚拟的网络空间,打造了"云家长咖啡厅"。讨论话题、互动方式以及参与路径(扫二维码进群)提前一周在网络发布。

　　线上"云家长咖啡厅"与线下"家长咖啡厅"在组织形式与参与方式上有较大区别。在组织上,人员分为三个圈层:一是核心组织层:主持人+志愿者,具体负责"云家长咖啡厅"组织、主持、场内场外的协调工作。二是"场内"对话层:主持人+对话者。对话者是指在"现场"直接参与交流分享的家长、学生、骨干教师和专家等,相互之间可以进行扁平化沟通。三是"场外"围观层。虽然他们无法进入对话现场持"麦克风"表达自己的观点,但是可以聆听他人的分享,并从中得到启发与教益,也可以通过网络留言通道及时与主持人交流,主持人在筛选信息后将有价值的话题与观点提交给"现场"对话人员讨论或是解答。"云家长咖啡厅"的这种组织、参与方式,一方面保持了线下"家长咖啡厅"的基本组织方式和流程结构;另一方面,增加了围观的参与圈层,较大规模地实现了咖啡厅的扩容,受益人群增大。2020 年 3 月 18 日 19:30,"云上家长咖啡厅"准时上线,"场内"20 余名家长、家庭教育导师、相关领域专家大咖执麦互动,"场外"480 余名家长、教师围观,大家共同分享、探讨"宅家学习"引发的焦虑与对策。

　　第二,综合化协同实施。充分发挥"线上"与"线下"各自优势,综合运用多种学习形式、策略、媒介与方法,提升"家长咖啡厅"的参与度、辐射度及运行质量,实现效益综合化、最大化。筹备的前期,话题的征集、问题的梳理、参与人员的报名等,通过网络的方式便捷、快速地完成。中期实施过程中,"家长咖啡厅"通过"现场+直播"的方式,让没有来到现场的其他家长、教师、学生等参与网络互动,对个别家长的个别化问题和个性化需求,有针对性地开展线上、线下的答疑解惑。活动后期,成果的分享与传播,家长、教师、学生等教育实践及反馈都可以走线上和线下两条路径。

　　第三,资源化平台建设。基于"互联网+"建设"家长咖啡厅"网络资源,保证家长、教师乃至学生常态化访问。线上有资源,是开展"家长咖啡厅"混合式运行的前提。众筹与链接是资源建设的两条重要路径。一方面组织骨干教师、家长、专家以及部分学生共同开发直播互动课堂,制作微课(录播课),开展在线答疑、互动交流,多路径汇聚"家长咖啡厅"的网络资源,实现共建共享。另一方面组织人员筛选、整合、链接网络开放的优质资源,为我所用。

如在新冠肺炎的防疫抗疫过程中,为保障学生心理健康,及时启动学生及家长的心理防护和心理危机干预工作,以及对战"疫"一线医护人员子女的关爱行动,组织部分骨干教师有针对性地制作和投放了"战'疫'心理疏导十课"等线上资源,"引导学生增强调控心理、自主自助、应对挫折、适应环境的能力",也提升家长的家庭心理疏导与干预能力。

第四,绩效化过程评估。"家长咖啡厅"线上、线下运作过程与结果都要以"预期"为目标,做好过程和结果的监控、评估,进而不断改进和优化其组织工作,提升主办者、参与者、志愿者等成员的综合能力,提升"家长咖啡厅"参与者的获得感与满意度,最终达求促进实践转化、绩效改进和价值创造的根本目标。

(三)"家长咖啡厅"模式的运行机制

"家长咖啡厅"平稳、持续、高效的运作,需要各方的有序协同,需要机制、制度与文化的有力的保障。因此,我们着力建立、健全了以下运行机制。

1.一体化协同机制——"家长咖啡厅"模式的保障机制

《中小学德育工作指南》明确指出:构建社会共育机制。建立多方联动机制,搭建社会育人平台,实现社会资源共享共建,净化学生成长环境,助力广大中小学生健康成长。"家长咖啡厅"是家校一体化的实践产物,是家庭、学校、社会协同育人具体的项目、载体、路径和方式创新,是对国家立德树人、协同育人制度的落实与夯实。

协同育人机制为"家长咖啡厅"的现实存在与长期运行提供了制度依据和政策环境,为教师、家长、学生、专家以及志愿者等多方的积极参与,并以此构建学习共同体奠定了良好的基础,也为场地、经费、宣传等社会资源的共享提供了政策支持。

因此,协同育人机制成为"家长咖啡厅"协调多方力量、多种资源参与的动员、动力机制。事实也正是如此。"家长咖啡厅"运行一年多,先后有 230 余位家长到"咖啡厅"做客、聊天,近 20 名专家、学者参与对话,近 50 名志愿者参与服务,还有多名学生、社会热心人士先后到"家长咖啡厅"参与多项活动和提供多项帮助。诸多教育部门的平台、公益平台和机构平台等免费提供了大量的优质线上资源。《钱江晚报》《杭州日报》《都市快报》《青年时报》等杭州主流媒体、下城教育微信公众号以及诸多自媒体做了大量的宣传与传播。所有这些彰显了"家·校·社"协同育人机制强大的动员力量。

2.自愿自助机制——"家长咖啡厅"模式的运行机制

"家长咖啡厅"的平稳、有序运转离不开一批热情、积极而稳定的参与者。在众多参与者中既有"家长咖啡厅"的学习、交流者,也有志愿服务者。其中部分人员既是学习、交流者的身份,又是志愿者的角色。

"家长咖啡厅"是一个具有较强开放性、民主性、合作性特征的学习团体。在人员的参与上一贯秉持平等自愿的原则,这也是"家长咖啡厅"重要的价值追求。所有参与者均为自愿参与、自愿分享、自愿服务,致力于营造民主、平等、尊重、包容的团体文化。

志愿者团队建设是"家长咖啡厅"的一项硬核工作,为"家长咖啡厅"的创建与正常运作提供重要的人力资源支撑。"家长咖啡厅"的发起人、召集人唐西胜、沈洪、申屠萍、马林、张骊、林凡、劳青青等一群来自不同校园与机构的教师,在没有任何行政力量介入的情况下,基于共同的价值取向和公益服务的志向,一拍即合,组建了"家长咖啡厅"营运的核心骨干团队,全面负责其策划、组织、实施、评估以及相关的研究工作。

更多的志愿者根据自己的时间、感兴趣的话题和习惯、擅长的方式等,自主、灵活地选择参与服务的期次、时间和服务内容。

场地与环境是"家长咖啡厅"作为"第三方场所"的硬件构成。"家长咖啡厅"采取了公益化运作方式,不向参与者收取包括场地、茶水、咨询等任何费用。"神秘咖啡园"的女主人孙凤丹女士自愿加入了志愿者团队,免费落实了"第三方场所"——"神秘咖啡园"的二楼独立空间,为"家长咖啡厅"多元主体的对话创设了民主、平等、轻松的环境氛围。

自愿参与的弹性机制建设,满足了参与各方对选择的需求,进而吸引了更多的人以更加灵活的方式参与到"家长咖啡厅"的活动中来,增添了其魅力与吸引力。

　　"家长咖啡厅"还具有一定的自助特性,部分对话参与人员通过帮助他人和自我帮助解决相关问题,如活动前期的话题搜索、主题确定和问题梳理,活动过程中圆桌的同伴互助、问题解决方案的众筹,后期的家庭教育实践等环节,都具有一定的自助性。另外,"家长咖啡厅"的运营管理、服务保障也较多地体现了自助特点,譬如在活动中,场地环境的布置,茶水、咖啡的取用等都以自助为主。虽然其运营可能有政府的支持,但总体仍呈自助特性。

　　"家长咖啡厅"自愿自助机制的建设,强化了各方的参与性,凝练了合作、对话、分享、服务的意识与共识,降低了成员的交流成本以及"家长咖啡厅"的运行成本,保证了常态化运作。

　　更为重要的是,自愿自助机制的建设,彰显了家长咖啡厅的公益性与价值性,践行着一种"人人为我,我为人人"的道德生活。无论是活动的参与者还是志愿服务者都享受着"成全他人、成长自己"带来的乐趣。

　　3.质量监控机制——"家长咖啡厅"模式的反馈机制

　　"家长咖啡厅"模式的目标指向是提升家长家庭教育能力,为家校合作提供对话平台,根本要义是为学生的发展营造良好的教育环境。家长咖啡厅是一个自愿自助平台,其能否吸引更多的家长、学生参与,能否受到校、家各方欢迎,能否达成举办的目标追求,关键看质量,重点在反馈。因此,以目标为导向的质量监控与反馈就成为"家长咖啡厅"模式不可或缺的重要一环。

　　质量标准是质量控制与监控的前提。家长咖啡厅运行质量的构成主要包括两个维度:一是活动效率;二是实践效果。

　　活动效率重点包括以下指标:活动方案的科学性与操作性;参与活动的人数、结构与预期的一致性;参与者的准备程度;参与者所持问题的真实性;对话、分享的积极性与有效性;问题解决的满意度与可操作性;环境营造的满意度;主持人的控场表现(包括时间进程、话语权的分配、话题方向等);活动小结与资料整理;宣传与传播情况;志愿者服务等等。

　　实践效果包括以下内容:家长家庭教育意识有所加强;教育理念一定程度上有所更新;家庭教育的能力有所提升;将"家长咖啡厅"对话所学在家庭教育场境中真实应用;应用呈现一定的效果。

质量监控和评估采取定性与定量相结合的办法,主要方法是现场访谈法、问卷调查法、定向跟踪观察法等,特别是定向跟踪观察,是主办者组织专家、部分家长代表等对具有典型性、价值性的问题以及家长的相关解决方案进行持续跟踪,以了解家长的实践效果。主办方及时研究与提炼其中好的经验与发现的新问题,最后形成专题成果并与大家共享。

质量监控的情况适时反馈给主办方作为改进的依据。主办方将认真总结经验,分析存在的问题,并提出整改意见。对个人而言,质量监控是优秀志愿者推评、家长优秀教育案例征集等活动的主要依据。

五、"家长咖啡厅"模式理论的创新意义与实践应用价值

"家长咖啡厅"——多元主体协同参与的家庭教育治理实践模式具有较强的理论创新意义和实践应用价值。

在理论方面,这一模式的创新点在于学生和专家两类群体的引入,平等对话、分享交流的氛围和情境性问题解决的实践取向。多元主体协同参与家庭教育的模式改变了以往家庭教育单一地由学校主导性引导、家长和教师两类主体对话的模式,创新性地把家庭教育的主体——学生和理论界的专家引入对话中:直接把学生引进对话,彰显了家庭教育的初心即以学生的发展和家庭整体和谐。特别是高校专家这一主体的加入,极大地提升了家庭教育模式的理论性和科学性,形成了"家—校—生—专家"协同参与的家庭教育治理新格局。这一创新性模式的理论构建在一定程度上丰富了现有的家庭教育治理模式,为家庭教育的发展提供了理论借鉴,将在某种程度上深化家庭教育研究。同时,作为家庭教育治理体系的一种创新,这一模式的提出也是对教育治理体系和治理能力现代化要求的呼应。

在实践应用的价值方面,由于这一模式倡导家庭教育实践中的情境性问题解决,以家长在实践中遇到的实际困难为讨论对象,且把议题的重要相关者——学生引入讨论,倾听学生的心声,将极大地帮助家长处理家庭教育中遇到的难题,更为直接和有效地促进家庭教育质量的提升。同时,平等对话的氛围也将极大地提升各类主体的参与意愿,特别是家长对于这一活动的参与积极性,改变了以往家校合作等家庭教育指导活动中家长参与意愿低、参与质量

不高、合作性弱等边缘性参与的状态。另外，这一模式运行较为方便、简单，仅需要一个第三方场地便可开展活动，在实际推广和组织过程中成本较小，轻松愉悦、平等交流、实践导向以及专家的科学指导都为这一模式增添了不少魅力。

总体而言，"家长咖啡厅"模式在实践应用方面具有极大的价值，既具有实际的成效，也能有效地推广到其他社区或区域中，能够促进家庭教育治理体系和治理能力现代化的现实推进。

六、"家长咖啡厅"模式运行评价

家长咖啡厅有效运行已经一年多了。围绕"走稳幼小衔接第一步——'幼升小'路上的惑与解""家有学娃'小升初'——'小升初'里的家庭教育""读懂青春期，收获小欢喜——如何与青春期的孩子相处""青春的'小美好'——家校共话'早恋'""走心从暖胃开始——爱心早餐里的家庭教育""你们是孩子最好的镜子——良好父母关系为孩子护航"等主题，我们开展了线下线上的对话分享活动。参与各方以及媒体、网络等反响较好。

（一）媒体评价

家长咖啡厅推出后迅速引起各大媒体的广泛关注，《浙江日报》《钱江晚报》《青年时报》等纸媒，浙江新闻客户端、钱江晚报新闻资讯客户端"小时新闻"等新媒体做了专题报道，下城教育等微信公众号对每期的活动都及时做了推送分享。各媒体在家长咖啡厅活动现场进行了全程观察，对这种创新的活动方式给予了好评；参与家长在采访中对活动效果予以充分赞扬。

媒体报道

(二)家长评价

在参与家长咖啡厅活动后,许多家长回家后就积极尝试改变。首先,他们调整了思维模式,从指责孩子转向反思自我,对以前家庭教育中的点滴进行审视,找出相关问题,思考解决办法。其次,他们转变行为方式,从改变自己开始,积极调整亲子关系,与孩子建立平等、民主、信任的关系,进一步调整与孩子的对话态度与方法,注重孩子感受。

参加了家长咖啡厅第三期"读懂青春期,收获小欢喜——如何与青春期的孩子相处"的初中二年级小王爸爸在实践回访中高兴地说道:"自从听了家长咖啡厅各位家长、老师和专家的分享后,我尝试站在儿子的角度考虑手机问题,这样他比较愿意和我说话了。原来他说他买手机,是因为觉得班里每位同学都有自己的手机,我却不给他玩,害得他和班里的同学双休日都没有交流的机会了。现在同学们有什么新奇的事,他也插不上半句话,感觉自己像一个局外人,融不进同学们的圈子。但他又怕被我们发现后训斥,太没有面子了,索性就偷偷买了。我了解情况后,和孩子坦诚表明如果确实需要手机和同学们交流,爸妈也会支持的,但是使用手机的时间是有限定的。在能处理好手机和学习关系时,我们才会大胆把手机完全交给他,因为孩子的成绩还是有很大的波动。孩子看我们和他商量,哪怕心里不情愿,嘴上还是答应了。"手机本身不存在问题,家长只有放平心态,一步步引导孩子处理学习与手机的关系,而不是简单蛮横无理地干涉,才能真正帮助到孩子。

很多参与过活动的家长对家长咖啡厅这种真实、平等、民主、共享的活动方式,带给他们的"敞开自我、直面问题、寻求解决"的全新感受有深刻的体验,认为对他们的思想观念触动特别大,方式方法的启发、借鉴特别多,在家庭教育的实践中效果也特别好。

(三)学生评价

参与家长咖啡厅活动的学生在活动前被访谈,活动中与家长、教师、专家互动,活动后再次接受回放。能真正以主体性身份融入活动的学生感受到被尊重、被认同。学生说:"参与了家长咖啡厅活动以后,我更能理解父母的苦心和老师的用心了。"家长咖啡厅站在学生的立场考虑学生的需要,不以成人的主观认识去做决定,更易使孩子与父母、老师达成共识,形成合力。

(四)专家评价

家长咖啡厅一经推出就引起专家学者的高度关注。部分专家亲自来做客参与,为家长咖啡厅的成功运作贡献了智慧。部分学者从媒体报道中看到相关内容,对"家长咖啡厅"模式产生了浓厚的兴趣,专程来调研,给予了很高的评价,认为其在家校一体化、协同育人载体建设上具有较高的创新价值,建议深入实施、科学研究、及时总结和加强推广,同时也提出了很多很好的指导意见,这里不再赘述。

(五)行政评价

省、市、区教育主管部门和专业研究部门对"家长咖啡厅"模式给予了充分肯定和大力支持。各大公众号、会议交流发言等多渠道宣传推广给了团队极大的鼓励和信心。

(六)自我评价

家长咖啡厅从创意构想到实践运作受到家长的普遍欢迎,得到了专家学者的关注与支持,让我们团队及每一个成员有了较高的价值感和成就感,对持续推进家长咖啡厅的运作更加有信心和底气。"家长咖啡厅"在德育现代治理模式、运行理念、组织形式等方面都有一定创新,具有一定的理论与实践价值。但是,"家长咖啡厅"作为一种创新模式,还有诸多的理论需要研究,还有更多的方法手段需要科学探索,还有辐射推广需要及早谋划……从这些方面看,一切才刚刚起步。我们深刻认识到:立德树人是新时代中国特色社会主义教育发展的根本任务,德育工作的创新永无止境。

七、"家长咖啡厅"模式的未来改进方向

"家长咖啡厅"——多元主体协同参与的家庭教育治理实践模式作为一项创新型的举措,因为实践时间短、模式创建尚需优化等原因,在模式设计和实践运行方面尚存在不足,未来需在以下方面改进。

一是对话议题的系统化工作。家庭教育实践是一项极为复杂和庞大的工程,家庭教育情境具有隐蔽和细碎等特点。议题所涉及主体有子女、几代家长、亲戚甚至家庭外人员,议题的解决需要教育学、心理学的指导,也会涉及社会学等学科,是一项综合性较强的活动。此外,家庭教育问题随时随地会产生,且层出不穷,相关议题也在不断产生。因此,现有的"家长咖啡厅"模式中所对话的议题为多数家长共同关注的议题或部分家长自愿提出或较为紧急和严重的议题,议题的讨论尚不具备系统化的特点。因此,今后"家长咖啡厅"模式的一大改进方向即在考虑议题的紧急性和特点性的同时,努力从某一维度出发,系统、有序地构建系统化的对话议题,进而增加"家长咖啡厅"模式运行的系统性和科学性。

二是模式运行成果的整理工作。"家长咖啡厅"模式运行已有一段时间,在实践过程中积累了不少的议题、运行记录及解决方案等成果材料,亟须进行文字化、数字媒体化等形式的记录、整理和传播工作。通过对现有运行资料的整理,进一步梳理已有实践的成果,也能够在整理过程中发现进一步优化的方向。同时,成果的整理和传播也将为其他家庭教育实践提供一定的参考。

三是运行流程设计的细化和优化工作。已有的"家长咖啡厅"模式在实践中不断摸索和改善,不断地细化和优化,但仍存在一定的不足。因此,今后应

在议题案例的规范性、各类主体的多样化、对话流程的优化等方面进行完善。

另外,现有模式的运行仅为小规模的尝试,所涉及的社区或家庭的范围较小,属于局部的探索。作为家庭教育治理的一项有益尝试,本模式具备较强的理论创新意义和实践应用价值,具有进一步推广的必要性。因此,今后应考虑如何将本模式推广到更大的社区和家庭范围,以及如何适应经济发展水平不同、文化情境不同的社区等。

下 篇

"家长咖啡厅"模式的实践探索

走稳幼小衔接第一步

"幼升小"路上的惑与解

咖啡热搜

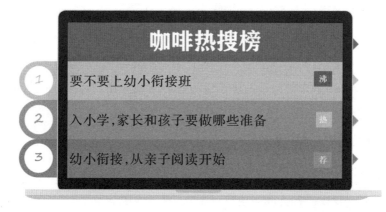

电视剧《虎妈猫爸》在 2015 年播出后,收视率特别高,它将中国孩子的教育问题原汁原味地搬上了屏幕,引起了家长的共鸣。剧中的虎妈为了一个重点小学的名额,让全家人放弃大房子,举全家之力,购买了一套又老又旧的学区房。现实生活中,面对教育资源不均衡的现状,这样的"虎妈"也不少。受有些机构和自媒体的鼓吹,家长不自觉地加入焦虑阵营,不断为孩子"加码"。

《中国教育报》2019 年 11 月 3 日第 10893 号上,《幼小衔接班"抢跑"有了新障眼法》中提到,北京市海淀区某小学一年级语文老师林海说道:"我带的一年级班有 36 个孩子,大概有五六个没读幼儿园大班,而是用一整年上学前班。其他不上学前班的,大部分也会提前学拼音和简单的加减法。"

在中国,"望子成龙""不能让孩子输在起跑线上",已经成为大部分家长在孩子教育上的"教育方针"。这些家长有紧迫感,担心孩子跟不上,输在起跑线上;有些家长相信笨鸟先飞,于是让孩子提前学习小学的知识;还有些家长则是盲目跟风,看到周围同龄孩子在学,自家孩子也要跟着上。

面对孩子幼升小,家长急切想了解入学政策,入学前需要做哪些准备,培养哪些习惯,如何让孩子更有自信,有没有必要参加幼小衔接班……这一系列都是大班幼儿家长十分关心的问题,也深深困扰着他们。

本期咖啡热搜话题,让我们从"幼升小"出发,共同聊一聊如何迈好起始阶段第一步。

 **咖啡广场**

幼小衔接是学生的一个重要过渡时期。面对即将到来的幼升小,家长对孩子的学习习惯、学校环境、学习生活等诸多方面的能力深怀疑虑,害怕孩子在学校无所适从;担心孩子不适应小学雷打不动的学习任务,动作磨蹭,下午犯困;也有家长对接下来如何帮助孩子学习感到手足无措。诸如此类的担忧,家长们或多或少都有流露出来。下面就让我们一起来看一看孩子和家长对于幼升小,都有哪些话要一吐为快。

◎学生采访

小羽　女生　幼儿园中班

上学前班　我马上就要从幼儿园毕业了,要读小学一年级了。很舍不得幼儿园,在幼儿园可以游戏,可以睡觉。但是读小学了,妈妈说每天要学习,要做作业。今年,妈妈给我报了学前班,这样小学报名时,我的表现就会得到老师表扬。

小白　女生　幼儿园大班

兴趣班排满　我一个星期有7个兴趣班:书法、舞蹈、画画、小主持人、合唱、钢琴和数学。周末我有时想和小区里的小朋友一起玩,但是没时间下去。以后读小学了,妈妈说有些兴趣班不上了,改上语文和数学,以学习为主了。我现在上午到幼儿园,下午外婆带我到外面上课。

玥玥　女生　幼儿园大班

期待　今年暑假,我在家里每天计时做一张 10 以内的口算。有时做错了一道题,妈妈就要罚我重新做一张。另外,我每天看一小时《悟空识字》,我现在认识 1000 多个字了,可以自己看绘本故事了。读了小学,我的本领会越来越大!我已经准备好书包和铅笔盒了,希望开学那一天早一点儿到来。

小雨点　男生　幼儿园大班

学习拼音　过完暑假,我要上一年级了。今年暑假,妈妈教我学习拼音。这样读小学后,老师教拼音,我就会了,可以做小老师教别的小朋友,是不是很神气?

◎**家长采访**

幼儿园大班　豆豆妈妈

矛盾　我是单亲妈妈,在外地工作,只有周末能陪伴孩子。周末这两天是我们宝贵的亲子时间,我想多陪陪孩子玩耍,和孩子交流,所以没有太多的时间上幼小衔接班。在工作日,孩子都是和外婆在一起。外婆不会教孩子知识,我也不想让老人教孩子,毕竟老人的普通话不标准。但看到孩子幼儿园同班同学都在学拼音和数学,我有点矛盾:到底要不要让孩子提前学习小学的知识?

幼儿园大班　小玥妈妈

焦虑　我看到身边的家长都让孩子参加各种培训班、补习班,学舞蹈、画画甚至钢琴和英语,我既焦虑又比较担心:一方面怕自己的孩子如果不去参加培训班,上了小学以后会跟不上其他同学的节奏;另一方面担心孩子还小,过多的培训会给他太多压力。

幼儿园大班　——妈妈

影响注意力　我听邻居说,小学第一个月学识字,后面就马上学拼音。学拼音阶段家里天天不愉快,他儿子读得特别慢,翘舌音就是发不准。他儿子读小学后,每天晚上我们都能听到他们家爸爸大声训斥孩子的声音,以及孩子哇哇哭的声音。家里鸡犬不宁,家庭生活特别糟糕。

我们家女儿今年大班,暑假里是否需要上幼小衔接班呢?不上,担心跟不上班级的节奏;上了,担心课堂上孩子会了,注意力就不集中了,不注意听老师讲课。太纠结了!

幼儿园大班　西西妈妈

淡定　我们女儿即将读一年级,但是我们全家都很淡定,没有鸡飞狗跳,按部就班地过好每一天。孩子喜欢上的课,我们仍旧保持,如画画。孩子不喜欢的课,如围棋,我们就停掉了。马上要读一年级,我们在家就是有意识地引导孩子培养良好的习惯,比如安静看书,做手工时独立完成,有时间就带她跳绳,做做运动。周末我们经常带孩子逛书店,有时一坐就一下午,最后选一本喜爱的书带回家。同时在生活自主性方面逐渐放手,让孩子多承担家务,自己的事情自己做。

幼儿园小班　小新爸爸

手足无措　我们儿子今年刚读小班,上周我们在少年宫学自然英语时,坐在门口等待的家长们在聊各自的学区。我一听心就乱了,别人早早就谋划好要读的小学,我们还原地踏步,没有做任何规划,想着现在才小班,距离读小学还有两年。但是家长们提到,好的小学,光有学区还不行,还要看购房年限。刚买房的不一定轮得到读,所以大家现在都早已买了学区房,就为了排队。孩子读小学,家长应该做哪些准备,我还是很茫然。是否要去买学区房?是否要读学前班?在家里父母可以做些什么?这一连串的问题一直萦绕在我脑海中,挥之不去。

幼儿园大班　范范妈妈

意志坚定　我家大女儿读小学那会,我们主张快乐教育,对孩子要求不高,只要态度认真就可以了。孩子自小身体也不是很好,经常感冒发烧,人一累就咳嗽得厉害,所以我们对孩子的成绩就没有过高要求,过得去就可以了。老师有时找我们沟通,建议我们对女儿的要求可以再高一点儿。我们听完笑笑,觉得没有必要把孩子弄得那么辛苦,学好学校的,外面再给她补,给她"加餐"。到了三年级,班级里一大半孩子都在外面机构学数学,学英语的更多。我们的主张和老师的要求不一致,我们经常是拖后腿的家长。

有一次,三年级下学期,我们发现孩子越学越辛苦,自信心也没有了,成绩一落千丈。孩子觉得自己水平有限,长时间放低要求,温水煮青蛙,潜意识里就认为自己过得去就可以了。但这次考试她发现自己已经落后别人这么多了,心有不甘。所以我一直很后悔,是不是当初对孩子的要求太低,导致孩子没有追求,没有奋斗的动力?

现在二宝已经读大班,我们不想重蹈覆辙,身体第一,但是学习也不能放松。我们想给二宝试试民办小学,一来就在家旁边,二来给她提供更好的教育资源。但是我们前面也荒废掉了,没有上过任何的学习培训班,如果和别的孩子竞争,肯定被挤掉。现在马上就到小学报名的时候了,在这个节骨眼上,我们可以做些什么,才能帮助孩子更上一层楼?大家有好的经验请给我们提供一下。

小学一年级　小徐妈妈

懊悔　这学期我晋级为一年级学生的家长,我真的要抓狂了!我儿子一个拼音教了好久都不会,好不容易会了,过一会儿又不知道怎么念了。成绩总是垫底,我天天被老师叫去喝茶。我一度怀疑自己生出来一个小傻瓜。孩子爸爸不管学习,放学后总是一脸慈爱地看着儿子,我天天扮黑脸。我现在非常后悔当时没给孩子报一个幼小衔接班,所以在吐槽的同时,我更想和宝爸宝妈们分享我对上幼小衔接必要性的看法,以我为鉴。

直播间圆桌吐槽大会后,咖啡记者将家长和孩子的问题进行了梳理。

孩子们的反馈主要集中体现在两方面:首先,为了更好地适应小学生活,爸爸妈妈已经着手给孩子提前学习一年级的课程,主要是拼音、识字和口算。这些课程不是自己想学的,是爸爸妈妈要求孩子去学习的,所以兴趣不高,但是也没办法。孩子们更喜欢画画、运动等课程,没有作业。其次,孩子们对小学充满了期待,认为可以认识更多的朋友,学到更多的本领。

家长们的反馈主要集中体现在四方面:第一是焦虑。对于自己家孩子能否顺利适应小学生活,很焦虑。开学后,班里的大部分孩子都有学前基础,自己的孩子会不会跟不上?跟不上老师的节奏,学习就有困难,自信心就被打击了。第二是纠结。到底要不要给孩子提前学习小学的课程?提前学,孩子会更有自信,但又担心他上课不爱听讲了。不提前学,担心孩子白纸一张,什么

家长坐在漫谈区域,互相讲述幼小衔接过程中自己的困惑

参与此次家长咖啡厅的家长、老师、大咖以及主办方

都从头开始,跟不上大部队,会不会很累。第三是盲目和跟风。各种培训机构层出不穷,各种宣传无孔不入,无时无刻不在给焦虑的家长洗脑。看到别人家的孩子在学,我们家孩子是不是也要学呢?同事家孩子在学英语,我们也要学。邻居家孩子在学识字,我们也得学。大家都在上,一定是有好处的吧,不然怎么会有那么多机构?其他家长怎么做,我也跟着怎么做。就算不知道效果如何,也没损失,多学总是不会错的,没有自己的思考和长远的打算。其实无论是焦虑,还是纠结、跟风,归根结底,是家长在幼升小问题上,了解得太多,理解又太少。他们并不理解国家教育政策出台的初衷,也不了解小学教育的现状,让孩子上幼小衔接班,更多是图个心安。第四是淡定。教育部已经喊停幼小衔接班,呼吁学生零起点入学。在日常生活中培养孩子良好的学习习惯和生活习惯,在潜移默化中教会孩子知识。相信孩子在入学后会很快适应,家长只要做好一个高质量的陪伴者就可以了。

让我们一起期待咖啡广场的智慧分享!

 **咖啡锦囊**

◎家长互助

小学一年级　苗苗妈妈

我觉得心态最重要,幼小衔接对于家长和孩子都是一个较大的考验,给孩子和自己一些时间去做充分的调整。很多家长会问幼小衔接班要不要上,我的想法是要上,并不是说希望孩子通过这个培训班提前学习到多少的知识和学问,我是想让她感受到从幼儿园到小学学习方式和内容都会有较大的转变。比如每节课必须安静地坐在座位上,需要通过一节课的听讲来掌握知识点,回家需要做作业复习,等等。提前让孩子认识到小学和幼儿园的根本区别,有思想准备,避免在开学后学业上和心理上都受到较大的冲击。

另外一个,就是家长要有充分的同理心,认同孩子,理解孩子,疏导孩子的情绪。家长有的时候经常会犯这样的错误,以自己的感受去评判孩子。我举个例子,在我们家,孩子有的时候早上起床会说自己冷,爸爸这

家长们围坐在一起,同伴互助,分享经验

个时候会马上去反驳她,说今天温度不低,怎么会冷呢,一点儿都不冷。本身孩子早上起床就比较困难,但是这个时候她的情绪得不到舒缓,反倒还被说教,可想而知她的起床气会有多大,影响了她一天的心情。谁都可以想象从睡梦中被闹钟叫醒后,又要从暖暖的被窝里爬出来的艰辛。这个时候孩子需要的是父母认同她的小情绪,认同她的感受。父母作为孩子最坚实的依靠,在这个阶段除了要调整好自己的心态,更要帮助孩子顺利度过这个阶段。

小学一年级 了了爸爸

我的观点是应该给孩子创造一个开心、宽松的环境,做一个幸福的孩子。学习固然重要,但简单粗暴地给孩子报一大堆培训辅导班,我觉得没什么必要。我们常说培养孩子要根据孩子年龄段的特点,理解和尊重孩子的发展差异,了解他们的独特性,允许孩子按照自身的节奏和方式学习与发展,不必面面俱到。所以,我们的策略是先选择几个她愿意去参加的兴趣班,从中发现她的爱好和特别感兴趣的东西,支持她去选择,而不是强制和逼迫或者随大流,大家学什么我们就应该学什么,这是不对的。实际上,父母给她的自由与支持才是最好的鼓励,传递给她一种阳光积极的心理,可能这是真正能让孩子们感受到幸福的途径。

小学一年级　诺宝妈妈

我自己是一名幼儿园老师,所以对孩子升入小学是很淡定的。我们在家主要给孩子做好心理和生活上的准备,让孩子顺利度过从幼儿园到小学生活的过渡期。心理上,我们引导孩子热爱小学和老师,激发她对小学生活的憧憬和向往。我们在暑假给孩子置办了新书包、新雨伞、文具盒等。孩子很开心,天天在家背着书包走来走去。我们给孩子树立上学是一件光荣、值得骄傲的事这样的观念。

因为我是幼儿园老师,所以特别关注培养孩子的自理能力。我们在家教会孩子独立吃饭,有意识地培养孩子自己收拾东西,让孩子学会整理书包、文具等学习用品。同时,培养孩子的时间观念。做事磨蹭、做作业时间长是很多孩子的通病。这个跟家长不放手有关系。在我们家,孩子吃饭是有规定时间的,30分钟必须吃完。为了让儿子明白30分钟的概念,我们把闹钟放到餐桌上。如果30分钟时间到,他还没吃完,我们就拿走碗筷结束用餐了。

小贴士：

1. 家长要理解和尊重孩子的发展差异,给予支持和鼓励。
2. 家长要学会放手,让孩子独立自主。
3. 家长要引导孩子热爱小学,向往小学。
4. 家长要有同理心,认同孩子,理解孩子。

◎**导师慧语**

邵亦冰,杭州市长寿桥小学数学老师,家庭教育指导站站长。用心研究孩子,对孩子专注学习进行持续研究,开设个人育儿公众号。

对于这个问题,我的观点是:小学是打基础的阶段,最重要的基础不是知识性的,而是对学习的兴趣、对学习的自信、对学习的态度。知识是学不完的,具备强劲的学习力才是重要的。这就是我们所说的"授之以

鱼,不如授之以渔"。

现在有些家长相互之间在传,很多学校一年级并不是零起点的,很多知识家里不学,学校里老师也不教的,因为大多数孩子已经会了,如果不提前学,我的孩子肯定跟不上了。据我所知,这种说法是不正确的。老师上课都是严格按国家课程和教材来实施的,教材上数学是从数 1、2、3、4、5 开始的,语文是从"天""地""人"开始的,都是从零起点开始教学的,家长不必有这方面的顾虑。

那么是不是什么都不用学呢? 我的建议是,在日常亲子陪伴的时候,把知识渗透给孩子,其实完全不需要去报所谓的幼小衔接班。说实话,现在的教育培训市场良莠不齐,老师的水平差别也很大。如果教的发音不准确,反而影响孩子,小学老师要纠正也很困难。另外,孩子提前学会了,上课就不听了,不容易养成专注听课的习惯。

哪些知识可以在亲子陪伴中渗透呢?

比如拼音,可以先接触一下,现在有一些很好的学拼音的 App(应用程序)。我的孩子在中班的时候,在书店里看到拼音读物,就缠着我教她拼音,我当时也很困惑,还这么小,要不要教她。后来我请教了下城区低段语文教研员曹老师,她的观点是:孩子自己有兴趣,想要学,何乐而不为呢! 然后我就在 iPad 上下载了一个学习拼音的软件,让她自己学。直到今年暑假,我发现她基本上已经认识声母和韵母了,但是拼的时候有点问题,然后我就用数学老师最擅长的排列组合的方法,对照拼音表和新华字典,手写整理了一份"拼音学习宝典",在她有兴趣的时候就拿出来拼一拼,读一读,学习的效果非常好。有需要的家长,我可以和大家共享这份"拼音学习宝典"。

我们在家经常玩一个游戏,把一些生活中的词语拼出来,比如说:爸爸回来了。她就会在那儿拼 bà ba huí lái le。然后爸爸就会拼:nǚ er fàng xué le。她很爱吃榨菜月饼,我们就会让她试着拼一拼,拼出来就可以买一个吃。这样，原本枯燥的拼音学习就变得十分有趣。我也会让孩子学习拼音输入法，让她用拼音输入的方法给爸爸发微信。有家长自己刚才提到，在外地工作，也可以让孩子尝试着用拼音输入法给你发微信，通过这种方法，孩子学习了拼音，也认识了汉字。生活中也可以认识一些简单的字（比如招牌、广告、零食饮料标签）。

亲子阅读也能让孩子认识很多字，还能培养孩子良好的阅读习惯。教育家苏霍姆林斯基指出：家庭智力生活背景即书籍在家庭生活中所占的分量——于学龄前，便在很大程度上决定了儿童智力生活的状况。那些有教养、好求知、品行端正、值得信赖的年轻人，他们大多出自对书籍有着热忱的爱心的家庭。事实上，长期来的教育经验也告诉我们，大多学有潜力的人，往往是从小就养成了良好的阅读习惯。

家长要创设良好的家庭阅读氛围。可以花点心思，在家里营造一个温馨的阅读环境，布置一个孩子够得着的书架，摆满孩子的书，旁边放上沙发和小椅子。同时，父母的榜样示范作用是无穷的。如果父母能有滋有味地阅读，便是对孩子最好的诱惑和示范。有条件的父母，要坚持不懈大声读书给孩子听。选择合适的时间段，每天坚持至少30分钟，和孩子一起快乐地享受这个过程。读书是一辈子的事，更要每天不间断，长期坚持。家长要有足够的耐心和恒心，陪着孩子，帮助孩子养成读书的习惯，静心地等待孩子的变化。周末，多带孩子逛书店和图书馆，陪伴孩子挑选喜欢的书籍，陪伴孩子静静地阅读。

关于数学，经常数数。学习生活中的数学（比如看时间、看商品价格、买东西等），既可以让孩子更好地适应新的环境，同时也能培养孩子对学习的兴趣和热爱学习的情感。

关于怎么教孩子做简单的计算题，我自己用乐高搭了一个帮助孩子学习20以内加减法的学具，可以让孩子根据计算的问题，一边拼一拼，一边数一数。比如9＋3，可以让孩子拿出9块和3块乐高，最开始的时候孩子会先从1数到9，再接着数10，11，12，得出9＋3＝12。慢慢地孩子会发现，不需要从头开始数了，只要数10，11，12就行了。然后可以让孩子算一算3＋9，在玩的过程中，孩子会发现9＋3和3＋9其实是一样的。数的

导师邵亦冰和家长们一起探讨

时候也不需要从 4 开始数，只需要数 10,11,12 就可以了。数数的方法熟练以后，可以引导孩子从 3 块乐高中取出 1 块和 9 块拼在一起，凑成 10，10 加剩下的 2 块就是 12。减法也同样可以用这个学具。

　　除了知识方面，我觉得跳绳还是要尽快学会，并且坚持练习。我们小朋友是从幼儿园中班下学期开始逐步学习跳绳的，直到今年暑假才真正学会。跳绳是一种很好的有氧运动，对培养孩子的协调能力、耐力都非常好，还可以让孩子长得更高。跳绳还可以预防孩子提前发育，很多孩子去儿童保健医院看内分泌门诊，医生开的处方里有一条就是练习跳绳，每天不少于 2000 下。

　　在练习跳绳的时候，有几点建议——这些也是学校专业的跳绳教练告诉我的。跳的时候人要挺直，眼睛看绳子甩下去的前方，双脚离地不要太高，也不要往后勾起来，甩绳子的时候要用手腕的力量，用手腕带动手臂画圆圈。绳子最好不要用有柄的，不要太重也不要太轻，选择适合自己的。在会跳以后，就要练速度和耐力，练速度的时候，可以只练 15 秒，在 15 秒里尽量多跳。

> 小贴士：
>
> 1. 在生活中引导孩子学习识字，运用知识解决问题，而不是灌输知识。
>
> 2. 创设良好的家庭阅读氛围。
>
> 3. 学会跳绳，并且坚持练习。

◎ 大咖支着

章瑛，星辰幼儿园园长，杭州市教坛新秀、杭州市优秀教育工作者、杭州市学科带头人、"俞教寓乐名师网络工作室"学科带头人、下城区兼职德育研究员、杭州市中小学德育专家库成员。

有着30年教龄的章瑛园长做了总结发言。章园长列举了日常工作中自己遇到过的两个教学案例，帮助大班家长缓解内心的压力，并指明了在幼升小路上家长该如何做。

孩子即将进入小学，许多家长都开始焦虑起来，如何让孩子尽快适应学校的生活，跟上学校紧张的学习节奏，这是大家都非常关心的话题。

章园长个人认为，幼升小，关键在于解决好三大问题。

亲子篇：父母与孩子要平等相处

首先，建立良好的亲子关系。

家长要控制自己的情绪，负面情绪会引发孩子的抗拒。不管是师生还是亲子互动，只有把鼓励和指正的比例保持在4∶1到5∶1的时候，孩子接受起来才更有效。我举一个例子。一位父亲有两个女儿，大女儿15岁，小女儿3岁。近来大女儿青春期，正处在逆反阶段。有一天她打电话和爸爸沟通。女儿说巴黎圣母院着火了，父亲一听很着急，给出的回应是："这同你有什么关系？我昨天交代你的功课……"爸爸话还没说完，女儿立马翻脸。遇到这种情况，我给出以下建议：一是了解孩子是从哪里得到的信息。二是鼓励。对社会上的重大新闻有关注是件好事。三是同理。如果真的把有800多年历史的建筑烧毁了，太可惜了。四是安全教育。对自我、对周边，加强安全的防患意识及应对能力。

二孩家庭有很多这样的例子，分析背后的原因，无非是有了二宝后，大宝受关注的程度明显降低。其各种反应都是不被重视的集中体现。不懂事的孩子会说把弟弟妹妹扔掉，而懂事的孩子有时只是嘴巴上不说而已，嫉妒是自然的。

其次，是有质量的亲子陪伴。

家长要俯下身，和孩子做朋友。不要总是觉得自己高高在上，掌控孩子的一切。要换位思考，以孩子的角度观察和思考，经常和孩子进行有效的沟通。如果孩子出现问题，家长要做正确的引导，而不是严厉管教。要抓住这个时期，如果过了这个阶段，再想重新塑造孩子就很难了。

章瑛园长和家长们分享

入学后家长更要多陪伴孩子，可以是上学、放学路上，亲子间分享学校一天的美妙生活，也可以是陪伴孩子做功课。这里的陪伴并不是指人在孩子身边，却我做我的工作，她做她的功课，而是父母会把工作中的有趣的事情与孩子分享,也很希望听听孩子学校中发生的各种事情,包括学习中的事情。我们经常这样对话:"学校有发生什么事吗?""今天你有什么好的表现?""今天有什么收获?""有什么需要我们帮助吗?"通过对话,孩子可以倾诉在校一天的感受,同时也帮助家长及时掌握孩子学习的情况。

当然,应避免跟孩子说话一再重复。唠唠叨叨,孩子不爱听。特别要提醒的是,当孩子开始做功课了,家长一定要鼓励孩子能在一段时间内专心做功课。家长要提供固定的安静的场所,桌面上收拾干净整齐,同时不去打扰孩子。

家校篇:家长与教师要真诚合作

家长要相信、理解、支持、包容老师。老师也是普通人,也食人间烟火,也有情绪不好的时候,也会说错话做错事。请不要用神的标准要求老师。

家长要及时、真诚地和老师沟通。如果家长能积极看待老师的不足,选择包容谅解,就能让孩子更好地成长。如果心里这道坎实在过不去,也不必敢怒不敢言,及时真诚地直接和老师沟通。有些可能是误会,有些却是老师工作不当,请相信,大部分的老师都是愿意与家长坦诚沟通的。

当然,也要注意沟通的时间、场合,以及方式方法要得当。没有十万火急的事,不要半夜三更或节假日打扰老师。工作并不是全部,老师也有自己的生活。最讨厌那些纯粹为了发泄自己不满的情绪,把对老师的意见发到群里,或咄咄逼人或阴阳怪气的行为。对于老师工作的不足,请私信老师。

不要惧怕老师,也不用担心被老师批评后孩子不受关注。老师的批评指正是出于对孩子的负责,让孩子明白是非对错。孩子对于家长来说是百分之百,而在班级群中,是三十分之一、四十分之一,让孩子学会主动与老师沟通,这是孩子学习生涯中必须具备的能力之一。

有问题别急着找老师,孩子没有你想象的那么脆弱。让孩子受点委屈不是什么坏事,一笑而过即可。如果过不了,请给孩子解决问题的机会,让孩子自己去和老师沟通。一切皆教育,这样真实的教育不是哪个培训班能学到的。

不要把老师和老师做无谓的比较。尊重每个老师独特的教育理念和教育方式,不要用你的标准去判断老师的好坏。如果真的不幸遇到一个糟糕的老师,在做了沟通等各种努力之后,依旧没有改观,请有理有据地向学校反映。不要在孩子面前议论老师。要有边界感,换不换老师不是由家长决定的,但老师严重违反师德是必须投诉的。

别把注意力过度集中在学校。家长也需要多把精力放在自身建设上。在孩子的教育上家长足够用心了,自然会受到老师的尊敬,家长的话语才会有分量,老师才会相信你是真的静等花开,否则只是放任自流。

准备篇:入学前要做好各种准备

心理准备:要重视不敌视。家长和孩子都要以积极愉快的心情去面对,家长不把焦虑、恐惧的情绪传递给孩子。

成长的自豪:让孩子感受到自己是长大了,能进入小学去学知识、学本领,以后能做一个对自己、对家庭、对社会都有贡献的有用的人。

入学的期盼:让孩子感受到上学是一件非常美好的事情。

帮助孩子做好入学前的物质准备。让孩子自己挑选文具,以实用性为准,不妨碍学习,不分散注意力。

能力准备:自己的事情自己做,不要剥夺孩子学习和成长的机会。

体能上:孩子要能坐够三刻钟。

安全自护:接送安全、校园活动安全,家长要教育孩子安全使用大型运动器械,不携带尖锐的文具以免损伤他人身体,注意饮食卫生安全,实施男生女生性教育,防止校园欺凌。

良好习惯的养成:作息习惯、礼貌习惯、自理习惯、学习习惯(兴趣的激发与保护),良好习惯的养成贵在坚持。有规则,但规则可以视实际情况与孩子共同协商而不断完善。

知识准备:少量认字。提前学习能获得暂时的优势,但这是以孩子其他能力,如想象力、交往能力、社会适应性等为代价的。

亲子之间要建立良好的沟通渠道。家长对老师,要做到信任、理解、支持、包容;对自己,则要求和孩子一起学习,一起成长!孩子的学习不是百米赛跑,而是一场重耐力、拼后劲的马拉松。让我们学会做百变父母,亦是师长,亦是朋友,静候孩子成长。

> **小贴士:**
> 1. 家长要和孩子建立良好的亲子关系。
> 2. 家长要相信、理解、支持、包容老师。
> 3. "零基础"的孩子入门后会越学越好,并很快赶上别人。
> 4. 家长要尊重孩子的成长规律。

咖啡续语

在 2019 年的最后一天,我们针对参加第一期"幼小衔接"家长咖啡厅的家长们,做了一次回访和复盘。回访的主题是:我们在 4 月份举行了幼小衔接的分享,现在孩子已经是一年级的小学生了。对于先前老师和专家支的招数,大家后续践行效果怎样? 在孩子入学后,对于幼小衔接有没有新的想法? 欢迎大家畅谈。

◎实践回声

帮助很大

考拉妹(网名):感谢分享,有幸参与,抛砖引玉一下。最大的收获是家长首先做到不焦虑,孩子入学后心态很好,慢慢成长,陪伴多于教育,孩子各科成绩都很好,很省心,很感谢。

咖啡记者:真好,谢谢这位家长!起了一个很好的头,看到孩子很好地适应小学生活,做家长的一定很欣慰。

小袁(网名):我觉得幼小衔接还是有必要上的。我们孩子进入小学后,拼音方面还是不太容易掌握。我自己也读不准,但也陪着孩子一起学。现在孩子拼音练习纸发下来,我会和孩子一起读,经过指导,孩子的正确率达到了 30%。我们班主任很负责,我把孩子的情况和她沟通过之后,每次她都很负责任地帮我们补课。

咖啡记者:拼音对一年级孩子是个坎,确实难,特别是平翘舌音和前后鼻音。寒假可以带着孩子一起读拼音读物,既巩固拼音,也是很好的亲子阅读。孩子借助拼音认字的同时,还读到了很多故事。孩子学会拼音的成就感会很大。

雪静(网名):一学期,孩子一路走来,幼小衔接必不可少。我们小孩进步特别大,特别是阅读和拼音。从一开始亲子阅读听我读,到目前可以自己拼读还写日记,这对拼音的学习特别有帮助。

邵老师:平翘舌音和前后鼻音的区分、掌握,还要注意日常说话的发音。平时说准了,到了写的时候,也就不会错了。

雪静(网名):谢谢邵老师。我们主要是前后鼻音问题,确实现在生活中我们自己也没有发准发音,给孩子做好榜样。

咖啡记者:作为家长,面对幼升小,要明确该衔接什么,不该衔接什么。孩子学习品质和能力的培养,该衔接,如专注力、倾听能力、交往能力、表达能力等,而不要只是纯粹以认识多少字,会做多少以内加减法为标准。

暂时落后,怎么补救

郑敏(网名):我有个同事,暑假里没有做好幼小衔接,因为小孩不肯上学科类的课外班,家长就没去强求,比较宠。现在每次作业没完成的名单里都有他的名字。测试成绩也倒数,赶不上班里其他同学。现在,我同事非常焦虑的还有一点,他孩子在家比较任性,把学习当作是替大人在学。从小就太宠,现在很难改变了。他说如果时光可以倒流,会坚持让孩子上幼小衔接班的。

邵老师:学习是一场长跑,一年级还只是开始,暂时的落后,不必焦虑,但也必须引起重视。要分析落后的原因,是还没适应小学的学习方式,还是学习方法和学习能力存在问题。一年级的学习内容简单,补知识很快的。如果落后了,个人觉得假期里最重要的还是要补学习习惯和学习方法。

咖啡记者:我觉得一年级孩子学习暂时落后,不用假期里补知识。家长应每天跟进孩子的学习,了解孩子作业没完成的原因,对症下药才是。

郑敏（网名）：我儿子对于一年级的数学应用题掌握得不好，应该如何加强这块知识？

邵老师：其实一年级第一学期，解决问题只有两种基本类型——求总数和求部分，只要把基本类型搞清楚，万变不离其宗。数学学习，我反对重复刷题，真正会做了就行了。解决问题，在看清题目以后，让孩子用自己的话，把题目意思说清楚，能说清了，也就会列式解决了。

家长科学制订对孩子的要求

小袁（网名）：我们家长自己对孩子的学业其实是比较放松的，只要作业完成就行。不知道这样的要求是不是太低了？

拉拉（网名）：学习和生活习惯跟自我学习的意识真的很重要，要自己学会安排生活和学习，知道在什么时间做什么，不要一味地都由家长安排。一年级的 100 分不能说明什么，有错误才能说明问题。小朋友找不到问题点，也找不到问题的重点在哪里，只能靠家长一遍又一遍地引导。这项工作需要家长花一定的时间和精力，所以家长要耐得住。

咖啡记者：学习习惯的培养真的很辛苦，要长年累月不断坚持、重复，不能三天打鱼两天晒网。孩子作业完成的速度、态度、正确率也应该多关注。

注意力很重要

艺（网名）：我家孩子注意力超不集中，每次和他讲错题时他总是小动作不断，想请教各位老师和家长，有没有好的办法？

邵老师：注意力是很重要的学习品质之一。低年级阶段一定要想办法培养孩子良好的注意力，在孩子专心做一件事时，家长不要去打扰孩子，比如问孩子是否要喝水，是否要上厕所。否则，久而久之，孩子就不能集中注意力做一件事。尽可能把一切安顿好，孩子才可以心无旁骛做作业。家里这时应保持安静，不能一边开着电视，一边要求孩子安静做作业。

咖啡记者：孩子注意力不集中的话，做作业前把桌面收拾干净整齐，无关的物品不放在孩子前面，并规定时间。邵老师对孩子注意力很有研究，可以向她请教。

◎亲子互动

二年级　小宝妈妈

亲子阅读

女儿读幼儿园那几年，每次亲戚吃饭，看到我女儿总会问："认识多少字啦？"我总是摇摇头。现代人，特别是为人父母后，都变得急功近利，每做一件事都会考虑投入产出。如果孩子阅读是为了机械地识字认字，拿着书请孩子结结巴巴把书上的文字一个一个地大声念出来，这样的方式并不能带给孩子乐趣，也不能带她走进书中的世界。作为教育者，我明白授人以渔与授人以鱼的道理，知道孩子的发展需要我们耐心等待。因此，我更愿意读书给女儿听，女儿一边听，一边看着插图，不带有任何目的，只是让女儿尽情享受图书带给她的绚烂的世界。我相信多年来坚持的亲子阅读一定会带给女儿不一样的收获。而我要做的就是每天站在路边，播撒一颗热爱阅读的种子，为孩子的成长播下一路芬芳。

事实上，女儿在读一年级前就认识了很多生字，但不是刻意学会的，而是通过阅读不知不觉认识的。

女儿出生后，我热衷于读书给女儿听。女儿从小喜欢看书，一有时间就坐在书架前，自得其乐地看书。每天我下班回到家，都会给女儿带一本有趣的图画书。女儿坐在我的膝盖上，我握着她的小手，读给她听。这是我和女儿度过的温馨的亲子时光。这样的场景从女儿很小的时候就开始了，我无论白天多么劳累，但在亲子阅读时，都是精神抖擞、充满活力地朗读图画书，不带有一丝敷衍。

我给女儿讲《不一样的卡梅拉》，她听完后会想象加工，把故事品味、勾描出来讲给自己听。她会兴致勃勃地在书上指指点点，看到觉得有趣的图片会开怀大笑。细听她讲的书，发现更多是天马行空地驰骋，我不做干涉，只是静静地听女儿讲述。阅读为孩子插上了一对想象的翅膀，她可以无拘无束地遨游。哪怕有的地方讲得不对，其实已经不重要，因为阅读本身就是一种个性化的行为。

每次亲子阅读，读到某处，我们会停留片刻，进行短暂的交流。女儿扬起小脸，用充满对未知世界的渴望看着我，跟我探讨书中的某个问题。这种分享感受、交流心灵的过程非常棒，为现在我们母女之间心灵相通、情感上的共鸣奠定了基础。也许教育并不是板起脸来，严肃地告知孩子哪些可以做，哪些不可以做。但在书中我们母女相遇并对话，这样的对话方式，已经让孩子潜移默化中拥有了积极的人生观和价值观。

回过头发现，通过亲子阅读，父母可以把对孩子说的话都说完了。借助阅读中的交流，我力求把语言说得优美、完整、清楚，让孩子在最初接收到的都是正确、积极向上的语言，我想这些都会成为日后孩子生活的一部分。据说，孩子在三岁以前已经能够理解一生中所用语言的四分之三。因此，对于每次我和女儿阅读中的对话，我都会非常重视，因为这是一个很好的教育契机，我可以潜移默化地把爱的语言传输给孩子，让她在第一时间感受到爱的语言是多么美妙！

阅读，就像一粒种子，在小时候种下了，慢慢地就会在孩子成长的过程中发芽、生长、开花、结果，也许一时间感受不到阅读带来的作用，但它会慢慢渗透到孩子的谈吐中、举止中、思维中……无论是从功利的角度还是长远的眼光看，阅读真是影响孩子一辈子的好事啊！

 **咖啡评论**

走稳幼小衔接第一步，关键在于学习习惯的培养

孩子从幼儿园升入小学，家长多半会焦虑，这是正常现象。孩子间有差距是正常的，家长要正视差距，用心陪伴孩子，帮助孩子养成良好的学习习惯才是关键。

幼小衔接，最重要的是帮助孩子养成良好的学习习惯

家庭教育专家尹建莉认为："每个儿童天生都有'打基础'的本能，只要不破坏，就可产生自我成长的能量。外部力量的过度介入反而会'揠苗助长'。"知识是学不完的，具备良好的学习习惯才是重要的。一点儿都不学，在前期可能会落后，为什么？因为其他人学了。提前学习和参加许多培训班是一样的道理，就像在电影院里，碰到有人站起来看电影的情况一样。按理说，应该坐着看，但因为有人已经站起来看了，所以我也不能吃亏，为了看得清楚，我也站起来看。这种心态造成了有那么多的家长带着孩子赶场子去参加培训班的局面。但是并不是提前学，孩子就能始终保持成绩优异。孩子第一学期入学，什么都不学的孩子确实比提前学的孩子进入状态要慢些，但是，差距会随着学生对环境的适应、对学习方法的掌握而逐渐缩小，在第二学期就基本看不出有什么差异。家长要明白这一点：适度地提前学习，可能只对刚入学的孩子在班集体里树立自信心，给他人留下个较好的印象，产生自我认同感有些帮助。但如果在入学前只知道一味给孩子灌输知识，进行机械学习，反而会磨灭孩子对学习的兴趣。

在生活中，家长可以渗透一年级的部分知识，比如可以先接触一些拼音，网络上有快乐学拼音的软件，听音看形。在生活中（比如招牌、广告、零食饮料标签）认识一些简单的字，但不要刻意，可以在生活中渗透数学知识，如看时间、看价格标签等，让孩子感受到原来学习可以这么有趣。

幼小衔接，培养孩子自己的事情自己做

孩子能做的，家长就决不插手。幼儿园，有阿姨协助孩子，在家也是衣来伸手饭来张口，基本上没多少事情需要孩子自己动手独立完成。但到了小学，

没有了他人的帮助，很多孩子会措手不及。对孩子的保护是学校、家庭和社会共同的责任，但过度的保护则变成了一种伤害。孩子在长大的过程中必须经历一些磨难，如果家长把孩子的磨难都给省略了，一切都替他打理了，让他过于顺利，不让他经历风雨，就会使孩子变得软弱。家长要学会放手，不要剥夺孩子成长的机会与权利。

为此，家长要学会做一个忠实的守望者，让孩子对自己负责，进而对自己所做的事负责（保证作业质量，整理书包，带齐必备用品，保管好自己的学习用品）。在一年级，家长应适当在旁边陪伴，进行学习习惯、学习方法的指导，但不能代替孩子动手、思考，否则，久而久之，学习就成了家长的事，孩子成了甩手掌柜。到了二年级，就可以逐步放手，规定时间内完成作业，逐渐养成习惯：一回家就做作业，做作业期间不受干扰，更不能开小差去吃东西和玩，作业完成后检查一遍，是否有漏做或做错，检查一下老师要求第二天要带的物品是否已经带上，等等。

幼小衔接，从亲子阅读做起，培养孩子良好的阅读习惯

长期的教育经验也告诉我们，大多学有潜力的人，往往是从小就养成了良好的阅读习惯。儿童文学作家梅子涵说："人小时候看什么，就会成为孩子生活的一个部分。看鲜艳的书，摸鲜艳的书，孩子的生命也会变得更加鲜艳，同时培养孩子的大爱情怀。"读书是一辈子的事，家长要有足够的耐心和恒心，陪着孩子，帮助孩子养成读书的习惯，静心地等待孩子的变化。

家长要为孩子创设良好的阅读氛围。

在家里营造一个温馨的阅读环境，摆满孩子喜欢的书。旁边放上沙发和小椅子，配上台灯，一个温馨的读书角就好了。有了这些还不够，父母的榜样示范作用是无穷的。父母要有滋有味地阅读，这是对孩子最好的诱惑和示范。在孩子眼里，爸爸妈妈也那么爱看书，原来书是那么有趣啊！

家长要坚持不懈大声读书给孩子听。

为孩子大声读书，是公认的培养孩子阅读习惯的最为简单有效的方法。这里所说的"大声"并不是指发出高分贝声音的意思，而是指"读出声音来"，让孩子能够听清楚。大声朗读本身并不难，难在持之以恒。选择合适的时间段，每天坚持至少30分钟，和孩子一起快乐地享受这个过程。

家长要舍得花时间陪伴孩子阅读。

每天无论多忙,一定要留出时间和孩子一起快乐地阅读。可以多带孩子逛书店和图书馆,和孩子挑选喜欢的书籍,静静地阅读。

总之,家长要树立正确的教育观,从改变自身开始,为孩子做好表率作用,多表扬孩子取得的点滴进步,客观提出后续努力的方向。哪怕步子小一点儿,速度慢一点儿,也没关系,孩子学着学着,就走到学习的正轨上来了,会逐渐变得有自信。这就是家庭教育的秘诀。

 **好书推荐**

小学低年级班主任推荐给家长的育儿书单

《幸福的种子》

推荐理由:在书中你可以找到有关亲子共读的问题:图画书的价值,该以什么样的态度对待图画书,怎样选择图画书,怎样让孩子爱上阅读等。这本书会更加坚定你进行亲子阅读、培养孩子良好阅读习惯的决心。

《读懂孩子》

推荐理由:家庭教育是一门艺术,更是一门科学。该书全面介绍了6岁到12岁孩子各方面的成长特点、发展规律与相应的育儿策略。家长可以了解孩子在身心发展不同阶段的不同特点,从而掌握最有效的家教方法。

《如何说孩子才会听 怎么听孩子才肯说》

推荐理由:这是一本父母使用手册,提供和孩子沟通的经验和方法。通过阅读,家长可以学会亲子沟通的技巧。书中还收录了很多案例,可读性比较强,家长可以从中找到适合自己的最佳方法,用最有效、愉快的沟通方式与孩子建立亲子关系。

《正面管教》

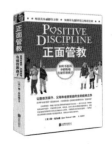

推荐理由:孩子有时会很任性,经常想要什么就要什么,家长怎么说,都说不通。如果阅读此书,家长就知道这时候应该怎么做了,知道什么方法才是最有效的。

《朗读手册》

推荐理由:家长知道了亲子阅读的重要性,感受到朗读带给孩子神奇的变化,想要付诸实践,但苦于不知道怎么操作。怎样的朗读才是有效的呢? 不同年龄段的孩子,家长朗读的方法一样吗? 通过此书,家长可以解决难题,找到适合自己的方法。

家有学娃"小升初"

"小升初"里的家庭教育

 咖啡热搜

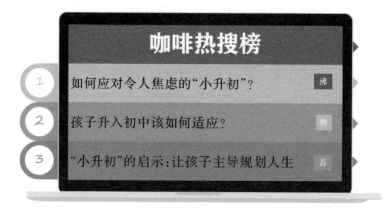

咖啡热搜榜

1	如何应对令人焦虑的"小升初"？	沸
2	孩子升入初中该如何适应？	热
3	"小升初"的启示：让孩子主导规划人生	荐

　　家庭教育在点点滴滴之中，比如父母的情绪、父母的策略、家庭氛围等都会影响孩子的未来。在每个孩子的学习成长关键期，都需要父母帮助孩子共同应对。"小升初"便是如此。

　　孩子们即将走过轻松纯真而又美好的小学时期，迎来憧憬已久的初中生活。即将升入初中的孩子们，也许会因为青春期的烦恼、学业的压力、父母的关系、诸多的选择等原因出现焦虑和烦躁。他们不清楚什么样的初中学校适合自己，不知道怎样应对繁重的学业，不理解父母为何总喜欢包办他们的学习生活……而父母们何尝不紧张，在"望子成龙、望女成凤""不能让下一代吃亏""一步错，步步错"等现代社会大环境的思想影响下，对孩子学习成长路上的每一步"棋子"都走得格外谨慎，辛苦陪伴了六年的小学时光，初中的学习是极其重要的转折点。为了不让自己的孩子落下学业课程而参与各类课外培训班；为了让孩子更安心地学习,生活上照顾得事无巨细;为了解决教育过程中碰到的各类问题,家长们也积极采取家庭会议、软硬兼施等策略来努力尝试解决……然而,收效甚微。

这些问题的根源在哪里？与即将或已经进入青春期的孩子该如何有效沟通？家长应该以怎样的心态应对这些问题？这是本期咖啡热搜话题,让我们直面"小升初",来聊聊关于"小升初"的那点事儿。

☕ 咖啡广场

家长们在孩子小学五年级就开始焦虑了起来,看到周围的家长都纷纷报补习班,也不知是否该跟进？公办初中还是民办初中,该怎样选择？孩子越来越情绪化,该怎样应对？升入初中究竟会遇到哪些变化,该做一些什么准备呢？如何让孩子更快适应初中生活,需要培养哪些习惯？下面我们一起来看一看,孩子们和家长们在"小升初"过程中究竟遇到了哪些困惑。

◎学生采访

小轩　男生　小学五年级

培训班困惑　我现在读小学五年级,我爸妈对我学习上的要求一直都很高,从小学高段开始,我爸妈看我周围的同学都去上奥数班还有各种培训班,也给我报上了。意思是现在开始一定要上课外辅导班了,不然五、六年级开始成绩肯定不如别人了,到时候怎么考初中啊！他们和我强调"小升初"很关键,要我一定牢牢稳定在前几名,所以我现在压力也挺大的。其实我不是很想去上这些培训班,我觉得就是把学校内容提前上一遍,没什么意思。我也不知道我这个想法究竟对不对,我要不要继续上培训班呢？

小丽　女生　小学五年级

公办、民办初中之争　上了四年级,爸爸妈妈就说要开始考虑考公办还是民办学校的问题了,我们家形成了两派之争。我爸爸认为我读一个公办的初中就可以了,学习还是要快乐轻松一点儿的。我妈妈一直认为

我应该读民办初中,她觉得需要有一个紧张的环境来促使我更勤奋学习,她希望我以后考很好的高中和大学。我自己也没想好,但是我妈妈比较强势,她已经基本上认定我就必须去考民办的初中。现在五年级了,学业上负担和三、四年级相比有较大跨度,我已感受到很大压力,不那么淡定了。如果到了竞争很强的民办,我不知道自己是否能承受学业压力之重。

小张　女生　小学六年级

初中生活未知性　踏入六年级之后,"小升初"这个话题就没有停止过。父母前期为了上不上培训班反复讨论,最后因为我们都想好了就读公办初中,而且我的成绩还不错,不需要额外补课,所以没有报培训班。但我听我初中的表姐说,她读了一年初中,都还没适应过来,感觉和小学太不一样了,她说让我一定要提前准备好。可是我现在对初中生活未知,不知道该怎么好好利用小学最后一年时间来做好准备工作。我应该怎样做准备,迎接即将到来的初中生活呢?

小童　女生　初中一年级

初中节奏适应不了　我今年刚上初一,是在一所公办初中。当时小学到初中的那个暑假基本上属于"放飞自我",什么准备都没有做。我想我小学成绩挺好的,应对初一的内容肯定没有问题,所以利用暑假到处玩,一点儿都没预习初一的内容。等到开学考试的时候,我傻眼了,我以为大家都和我一样零起点,结果发现只有一部分人没有预习,很多人暑假都花了很大的工夫衔接初中内容。现在快一年下来,我感觉还是适应不了初中生活,每天的学习强度和小学简直是天壤之别,我已经要有自我放弃的想法了,该怎么办呀?

◎**家长采访**

小学五年级　小齐妈妈

焦虑于公民办和培训班　我是一位五年级男孩的妈妈,家里主要都是我在管孩子的学习。我们从小学一年级开始到四年级,都没有报任何课外辅导班,觉得没有这个必要,孩子的学习成绩也一直不怎么需要我操心。但是从这学期开始,孩子周围很多以前不报辅导班的同学都去上"学而思"之类的班了,因为大家都准备"小升初"了,他们说要去报民办的学校,必须上"学而思"这种辅导班,不然考不进的。我们家本来想一心一意就公办初中读一下好了,可是看周围这么多家长都开始报班去冲民办,我也不知道要不要去民办,真的是头疼啊。

小学六年级　小婷妈妈

迷茫于初中习惯培养　我们家的是女孩子,她乖倒是蛮乖的,现在也是六年级了。就是她真的太乖了,平时也是安安静静的,不吵不闹,但是动作实在是磨蹭啊。这上了六年级,学业压力稍微大一点儿了,她晚上作业就要做到将近10点了。我去问了其他家长,他们都说虽然比以前作业做得晚了,但是也不用天天到那么晚的。我听说进入初中,学业负担重、难度大,压力会大很多,那怎么办啊? 到了初中,我家孩子岂不是要更晚睡了? 所以说我今天想问问大家,如何帮助孩子改一改"磨蹭"的毛病?

初中一年级　小文爸爸

担忧于初中成绩一落千丈　我们家也是个女孩子,小学的时候基本上都是她妈妈在管她,升到初中,我开始管她多一点儿了,因为之前听报告什么的说初中阶段爸爸要多管一点儿了嘛! 不过我现在发现,七年级已经读了快两个学期了,她学习成绩和小学相比差得实在是太大太大,以前考考90多分的,现在都只有七八十多分了。问问她怎么考那么差的,她每次都有点不耐烦,说是

难很多什么的,可是这才刚刚七年级,就觉得难,以后怎么办?怎么参加中考?现在读初中了真的不好管,以前很乖的一个女孩子,现在因为考的成绩也没以前好了,感觉有点颓废下来了。我是真的不知道怎么让她适应初中学习生活,从小学到初中,差别这么大,怎么办才好啊?

小学六年级　小杜妈妈

抉择于公办初中与民办初中　我们孩子今年刚上六年级,马上要面临选择公办初中还是民办初中的问题了,我跟前面那位妈妈——她从孩子五年级就开始谋划相比,这个问题我算考虑得晚了,这学期才开始思考。我们家呢,就是我和孩子他爸想法不一样,小孩自己也没明确的想法。我是希望他去考民办初中,他爸爸觉得公办初中也不差,轻松一点儿学习就好了。我们小孩子还是懂事的,而且还会乐器单簧管,他爸爸呢是希望还是读公办,可以继续有时间练练单簧管。我是觉得上了初中也没有那么多时间玩乐器了,还是踏踏实实、一门心思学习更保险,所以去比较严比较紧的民办更好。很想问问专家们,我这种想法对吗?

小学六年级　小安妈妈

准备于初中衔接　前面的家长们好像都还蛮焦虑的,我们家还好,而且我们已经都想好了就去读公办了。我们孩子现在是六年级,主要问题是他很好动,管不住自己,他的班主任和我反映了很多次,说他静不下心来学习,所以现在学习的难度上去了之后他成绩已经在直线下滑了,我比较担心他的学习成绩,想趁他读初中之前,好好培养他静心学习的习惯。还有我们做家长的,在孩子读初中之前,需要做些什么准备呢?这些问题想请教一下大家。

小学五年级　小同妈妈

苦恼于孩子情绪冲动　我和前面一个男孩子的妈妈差不多的,不过我们是个女孩子。从五年级开始,我感觉她脾气变暴躁了。我们两个大人也想和她好好沟通的,但是每次一沟通就是气不打一处来,我们俩也变得脾气暴躁起来,好几次和她因为一点儿小事吵得不可开交。她现在情绪变得很容易冲动,我看已经影响到学习了,这学期明显成绩下降了很多。我们急都急死了,这样下去,到了六年级成绩不是更差了啊?!现在最主要就是和她没法沟通,我们让她做这个,她非得和你对着干。这到了快要升初中的关键时刻,我们很急啊!

分别举办完家长们和孩子们的直播间圆桌吐槽大会后,咖啡记者将家长们和孩子们的问题进行了梳理。

孩子们的反馈主要分为四类:第一,培训班问题,很多孩子其实对额外的学习任务有抵触心理,有一些孩子对违背自己意愿的父母要求参加的培训班持有抵触心理,内心十分痛苦和挣扎;第二,公办民办问题,小学高段的孩子已经有一些自己的想法,但是家里往往会有一方强势的家长要让孩子去读民办或者公办,孩子完全没有自己选择的权利;第三,面对即将到来的初中生活,小学高年级的同学们都不知道该如何利用好最后一年的时间,做哪些准备来迎接初中未知的生活;第四,刚踏入初中生活的孩子,面对新环境和更繁重的学业压力,该如何适应? 又该如何调整?

此次家长咖啡厅圆桌吐槽大会

从这些家长们的诉说中,我们将问题分为五类:第一,究竟用什么样的标准来确定为孩子选择读公办学校还是民办学校? 第二,孩子进入小学五、六年级,情绪开始变得易激动、叛逆,家长们该如何应对和处理? 第三,周围的家长都在报班,培训班究竟要不要上,有没有用? 第四,面对"小升初",作为家长应该做好哪些准备？需要培养孩子的哪些习惯？第五，刚进入初中的孩子，该怎么适应猛然加快的初中生活节奏？进入初中之后，学习成绩一下变差很多怎么办？

咖啡锦囊

◎家长互助

杭州市春蕾中学优秀毕业生屠小迦妈妈

小屠妈妈自述是一位特别"佛系"的妈妈。在孩子的成长过程中，甚至在孩子的"小升初"过程中，自己和孩子都没有特别焦虑和不安，基本是顺其自然。遇到问题，先尝试让孩子自己去解决。如果孩子有需要，就与孩子商量、沟通，帮助孩子决定自己的事情，帮助孩子做出一些调整。小屠妈妈还没有感觉到自己的孩子有叛逆的想法和行动。所以她的一个观点是：作为家长，先试着放下自己的焦虑！她在针对上述孩子们的反馈和家长们的困惑中，分享了以下几点经验。

沟通篇：凡事皆可商量

女儿当初和我们商量要读公办还是民办，我们就是尊重她的想法，先问孩子自己的意愿：你想去公办初中还是民办初中？她自己想好了之后和我们交流，她说想去公办初中，她觉得自己不想过得那么辛苦，想在公办初中一边轻松学习，一边能再继续发展她的一些兴趣爱好，比如她一直很喜欢手工等等。我和孩子爸爸二话不说，支持她的想法，我们就读公办初中！当时我们也是这样想的，在公办初中里如果成绩一直稳定在前几，那最后保送前三所也是有可能的。所以我们三人很快达成共识：就进公办初中！进入初中以后，女儿一直对自己有明确的目标。为了这个目标，她非常努力，所以成绩基本都保持在年级前列，最后顺利被保送到了杭二中。

发展篇：兴趣与学习共发展

在学习之余，孩子的个人兴趣爱好一点儿都没有落下。我也没有过多去干涉她的爱好，放手让她自己去做，去拼，去试。我们只是告诉她：学习是你自己的事情,爱好也是你自己的事情,自己的事情自己规划、自己实施,我们做家长的,只管在路边为你鼓掌。但是孩子终究是孩子,有一段时间我发现她在布艺上花的时间过多影响到学习,也确实有些退步了。有一次考试过后,成绩不理想,看到孩子在自我反思,我就趁热打铁,与她进行了沟通和交流。我说:孩子,你在初中学习之余还能做那么多精美的布艺,说明你学有余力,是个能力特强的孩子。妈妈为你高兴! 可这段时间学习有一些退步,妈妈相信你能权衡下课业内外的时间分配。你向来就有能力管理好自己的时间,也相信你这次能重新做好规划,自己把握学习与发展兴趣的时间比例。孩子欣然接受,成绩很快上升。事实证明,相信孩子,孩子才会真正做好自己。

引导篇:引导解决困难

有时,我身边的人会说:你是不是太放手了,对孩子不够"负责"哦! 我不这么认为,做家长的,要把功夫用得恰到好处。孩子一旦遇到什么挫折和困难,我会做引导,只是引导她如何解决,而绝不是帮助她全部解决掉困难,最终解决困难的一定是她自己。我们作为家长,应该站在孩子的背后,在孩子遇到困难的时候帮助他们,让孩子学会自己解决困难,学会对自己的人生负责。其实小学高段到初中这段时间,家长一定要放手,让他们自己去面对挫折和困难,自己解决困难。可能之前很多家长都是抱着心疼孩子的心态,帮孩子全部解决问题,其实授之以鱼不如授之以渔。我也一直抱着平和的教育心态,不以考试成败论英雄,给孩子足够的信任、充分的余地,让孩子更从容面对学习。关于培训班,其实我们孩子之前"小升初"的时候也考虑过,怕衔接得不好,所以选择了她自己觉得相对薄弱的一门学科,不是说一股脑儿全都去补,还是要有选择性的,不然孩子身心俱疲也不利于学习。

> **小贴士：**
>
> 　　**学业提升，爱好保持**
>
> 　　推荐操作：一直以来都有的某些特长和爱好，不用因为学业负担增加轻易放弃！比如很喜欢画画、跳舞、滑板等的孩子，每周还是可以安排一定的时间让他继续发展这些兴趣爱好的。也可以培养孩子一些有益身心健康的兴趣爱好，拓宽自己的视野。

◎导师慧语

　　马林，杭州市永天实验小学校长、书记，浙江省"万名好党员"、杭州市教坛新秀、杭州市优秀教育工作者、陈彤名师网络工作室学科带头人、下城区兼职德育研究员。

　　从家长们和孩子们的困惑中可以明显地感觉到，面对"小升初"家长比孩子更纠结、更紧张。或紧张于孩子"恨铁不成钢"的行为表现，学习不上心，叛逆心理重，沟通有困难；或紧张于是否需要报课外培训班，报什么培训班效果更好；抑或紧张于到底该如何选择未来的初中，民办还是公办的十字路口很难抉择……总之，孩子在未来五年甚至十年要走的路，在孩子小学尚未毕业前，家长就已经细密斟酌、全力"部署"了。重视孩子的教育本身是家长的职责所在，是一件好事，但凡事皆有度，如果因为孩子"小升初"的事情过度紧张焦虑，不但起不到积极作用，还会给孩子和家庭都带来沉重的压力和负担。

理念篇：全面认识青春期的孩子

　　解决"小升初"家长和孩子的焦虑、迷茫，首先得全面认识孩子。现代社会物质条件丰裕，信息沟通发达，小学四五年级的孩子已经慢慢进入其人生极其重要的成长阶段——青春期萌芽，绝大部分孩子到了六年级已经处于青春期，生理和心理同步发生着巨大的变化，这是少年向成年过渡的阶段，贯穿小学中高段和整个中学阶段。

此阶段的孩子自主意识逐渐强烈，喜欢用批判的眼光看待其他事物，自认为已经可以自己处理和决定自己的事情，不需要其他人插手，有时还对老师、长辈的提醒教育产生反感，甚至故意抵制表达自己的不满。他们的自我意识提高，喜欢被尊重，不管做什么，不能只是你认为是对他好他就必须那样做，通俗地理解为"我认为好才是好""你让我做我偏不做"。他们的情绪不稳定，青春期的孩子特别难琢磨，喜怒哀乐"写"在脸上，变化极快。刚才还喜笑颜开、手舞足蹈的，没一会儿就"晴转阴"，甚至电闪雷鸣、狂风暴雨了。他们的记忆力逐渐增强，注意力也更容易集中，观察事物更敏锐了，尤其是他们的抽象思维、逻辑思维能力不断加强，初步形成了自己的个性和世界观、价值观。但意志力方面仍非常欠缺，主观克制能力不足，容易出现过激的语言或行为，分析问题的能力尚在发展中，看问题存在一定的偏见，所以遇到困难和挫折时容易灰心，出现自暴自弃的情况。

实践篇：转变认知，调整心态，对症下药

面对孩子这样一个特殊的成长阶段，作为家长难免会有紧张、焦虑、期待，说实话，要改变"小升初"的焦虑并不容易，家庭环境不同，目标需求不同，性格脾气也不尽相同，与家长接触得越多，越觉得我们应该需要寻找一种释然，调整好心态，继而根据问题"对症下药"，与孩子一起度过特别的"小升初"之路。

一是转变认知，接受不完美。天下父母都希望自己的孩子更好，所以我们总不经意间指出他的问题，以为这样他就会改掉变优秀了。换个角度，孩子也这么想，爸爸妈妈总有那么多做得不够好，如果能改掉变成我想象中完美的父母该有多好！然而，没有完美的父母，也没有十全十美的孩子。我们能够接受自己的不完美，为什么不能接受孩子的不完美？放过自己，改变自己，逐渐放松自己的心态，不要一味地去观察孩子的不足之处，对于孩子来说"小升初"是他必定要经历的一个人生阶段，有喜悦有困惑,有成功有挫折,经过磕磕绊绊,终究将成为一个独一无二的社会人。

家长咖啡厅"小升初"专场大合照

　　二是冷静分析,知己所需。孩子成长教育问题千万种,遇到问题或抉择时,作为家长首先要控制情绪,冷静分析。大家很关注的公办、民办选择的问题,其实适合自己的才是最好的。听起来这是一句人人都懂的"公理",人人都会这么说。但实际上,我了解到身边很多孩子、家长的切身经历之后,真没有一个标准答案可以告诉你。家长们大多还是比较了解孩子的学习能力和学习情况的。首先就得从孩子自身意愿出发,尊重孩子自己的想法。比如有的孩子虽然成绩挺好,但他很抗拒去节奏快的民办初中,家长就不要硬生生让他去民办。有的孩子虽然学习成绩不出挑,但内心早就给自己设定了读民办的目标,家长可以重点考虑。如果孩子自己没有明确的方向选择,建议家长们通过家庭会议的形式,把选择公办或民办初中的所有优缺点全部罗列出来,逐项比较,结合家庭经济情况、孩子学习能力、孩子本人意愿,并征求相关老师建议,综合研判选择,切忌盲目跟风。教育部明文规定2020年起实施"公民同招"政策,当下公民办教育的格局走向有非常多的未知数,这也是重要的考量因素之一。

　　三是追根溯源,平等沟通。每个问题的背后一定有其原因,作为家长,不能只看表象,粗浅地看到孩子的不努力、不认真、不诚实,而忽视背后深层次的原因。同时在找到原因后,要进行有技巧地沟通交流,充分尊重并理解孩子,引导共同解决问题。举个例子,之前遇到过一个女孩子,小学五年级之前都很乖很听话,也很在意老师和家长的看法,成绩一直不错。但是五年级开始学习状态明显不一样了,在家里更是糟糕,做作业磨磨蹭蹭,一天到晚不知道在想些什么,感觉心思和注意力在另外的某些事情上。问她,她什么都不说。女孩子的家长当时焦头烂额,五年级就学不好,以后必定影响初中升学。我当时是这样和女孩的父母说的:首先你们要清楚,她的这种转变是这个时期很正常的一种现象,这种焦虑和责怪的情绪不要流露给孩子,同时应该关注究竟是什么吸引了女儿的注意力,而不是去质问她。后来我从其他学生中了解到暑假期间,这个女孩子看了一个电视选秀节目后就疯狂迷恋上了一个选秀明星。开学后,她一点儿没有心思学习了。了解清楚以后,我与家长又进行了一次沟通,希望家长能从孩子的青春期心理特征出发去理解她、引导她。后来他们一家摊开聊了一次,也一起约定好了如果考上理想的民办初中,爸妈就带她去看那个明星的演唱会。孩子的学习动力果然提升了,也很顺利地恢复了冲刺的学习状态,如愿考上了那所民办初中。

　　四是方法指导,提前适应。为了让孩子尽快适应,家长最好能先孩子一步学习,了解初中生的生理、心理发展及教育方法,了解新学校、新班级对新生有哪些具体要求,帮助孩子充分做好思想、心理、学习生活管理等方面的准备。建立更良好的亲子关系,需要关注孩子的情况,设身处地地感受孩子的心情,以平等的角度和孩子交流。

小贴士：

追根溯源，平等沟通

推荐操作：如果孩子陷入了一些情绪问题，可以和孩子像朋友一样沟通，多听孩子说，千万不要马上动怒或者批评孩子。等孩子把事情原委或心理需求诉说完，再进一步与孩子沟通找到源头问题，共同想办法克服或者一起制订攻克计划。

◎**大咖支着**

曹纺平，浙江师范大学理学学士，杭州师范大学教育硕士，中学高级教师，曾担任杭州市大成岳家湾实验学校校长，现担任杭州市景成实验学校校长。先后获得浙江省春蚕奖、浙江省教育科研青年标兵、杭州市优秀教师、杭州市优秀园丁、杭州市教育系统先进工作者、杭州市德育工作先进个人、杭州市教育信息工作先进个人等荣誉称号。

倾听了家长们的困惑，以及优秀学生家长代表的想法和老师们的意见之后，曹纺平校长给大家带来了一些她的观点和理念。她从自身育儿经验出发，用生动鲜活的教育案例，给家长们带来一场关于如何面对"小升初"带来的压力和焦虑，如何帮助孩子更好成长的头脑风暴，给予了家长们有效的启发，提供了一些新的思路。

认知篇：心理学角度关注孩子身心变化

"小升初"阶段是孩子成长过程中的一个敏感期。从自身的角度来说，面临身体上、心理上的快速变化；从外部来说，学业负担和压力明显加大。由于生理上的变化和抽象思维能力的进一步发展，他们的自我意识、独立意识随之迅速发展起来，进入了个体自我意识发展的第二个上升时期。他们已经有了独立意识，不仅摆脱了对外部评价的依赖，逐步依靠内化了的行为准则来监督、调节和控制自己的行为，而且开始从对自己表面行为的认识、评价转向对自己内心世界更深入的评价，喜欢尝试从个性品质、人际关系、自我价值等方面的特点来描述自我形象，这种自我评价的独立性和稳定性都随着年级的升高而逐步提高。

那么，即将进入中学的孩子有哪些变化？主要有两个方面。

一是生理的变化。进入小学高段，大多数孩子身体发育日趋成熟，处在人生的第二个生长发育高峰期。家长要主动关注孩子的身体发育，细心观察孩子的每一个变化，并告诉孩子为什么会这样，这有助于疏导孩子因为生理变化带来的焦虑、恐慌和不安，帮助孩子正确认识自己的身体变化。

二是心理的变化。新鲜感与紧张感的统一——对新的生活、新的环境有强烈的新鲜感，又忐忑于如何去适应新的世界。独立性和依赖性的统一——希望独立自主，摆脱成人的束缚，但遇事又希望得到老师和家长的帮助。成熟性与幼稚性的统一——这样的心理变化会使部分学生处于半成熟、半独立的状态，表现出叛逆行为。

三是环境的变化。环境的变化对孩子影响更大。进入中学后，学习环境发生了较大的变化，新学校、新老师、新同学让孩子觉得新鲜，同时也感到紧张；在学习上也会感到"三多一少"（即课本多、课程多、老师多，但老师"盯"着学生学习减少）。同时，评价方式发生了很大变化。小学的评价方式是等级制，以优秀、良好、合格等评定成绩。到了中学，每次考试都是实打实的分数，孩子能清晰感受到与同学之间的成绩差异。

定位篇：家长找准"定位"

在关注到孩子身心变化的这个过程中，家长要找准自己的定位，要做一个积极的倾听者、睿智的引导者、坚强的支持者。

一是做个"积极的倾听者"。首先改变居高临下的沟通方式，把孩子当作大人来对待。沟通的艺术，最重要的就是平等关系。要让孩子觉得你是尊重他的，那么这次沟通就有了一个良好的开端。所以面对独立意识逐渐增强的小学高段学生,沟通一定要注意改变姿态,若在孩子的情绪是抵触和害怕的情况下进行沟通,那么这样的沟通往往是徒劳,也没有任何意义。此外,沟通过程中要做到多听少说。在这个时候的孩子会遇到很多困苦迷惑,面对"小升初",他们也有很多迷茫和纠结,面对学业压力日渐加重,他们需要通过倾诉来排解情绪。家长们在和小学高段以及初中七八年级的孩子沟通的时候都要注意,这个时间段是最叛逆的时期,他们的情绪如果不能通过倾诉来排解,那么你作为家长可能就成为他发泄的对象。你不停地说教,只会加重孩子的抵触心理,一定要多听少说,倾听他的想法和需求。再有就是要积极回应,通过回应来表达理解和接纳。如果你能做到前面的两层,但是在他倾诉完了之后,你没有任何回应,也不表示同情和理解,那么他会觉得和你沟通没有意思,觉得你肯定是不认可他的想法,也就从心底里不会认同你。在沟通中,一定要积极回应,表示你的接纳和理解,并给他一些有效的帮助和建议,这时候他是能接受你的意见的。

　　二是做个"睿智的引导者"。这个阶段孩子的内心会产生很多的矛盾和冲突,家长特别要重视两个方面的引导:其一,认识自己。让孩子既要看到自己的短处,又要看到自己的长处。其实每个人成长的过程都是不断扬长避短的过程。如果能看到自己的不足,去主动避开,挖掘了自己的优势,去主动发挥,那么很多选择就很自然而然出来结果了。很多家长谈到公办、民办的抉择问题,其实就是看孩子有没有清楚地认识自己,擅长学术还是擅长运动,或者是艺术,或者是其他,自己学习方面是不是能力不足等等。这些认知有助于对初中学校定位的选择。其二,展望未来。分数很重要,但还有很多比分数更重要的东西。家长们不要仅仅局限于眼前的分数,家长要注重培养孩子的综合素养,开阔孩子的视野,引导孩子在喜欢的领域里面,投入精力,汲取知识,从而获得更高的幸福指数。家长要用高远的目标引领孩子学习,比如国家强盛、民族振兴、人类进步等。这些东西比分数更能激发孩子内在的学习动力。还有,要注重对孩子学习习惯和能力的培养。良好的学习习惯和学习能力是初中生必须达到的要求,在"小升初"的准备过程中,家长们要把这件事提前,而不是等到真正读了初中再开始,那时候已经晚了。初中时间很短暂,所以要利用好五、六年级的"小升初"的衔接时刻。

三是做个"坚强的支持者"。每个孩子都是独一无二的,家长要根据自己孩子的实际情况安排孩子的学习和生活,切忌盲目跟风。关于培训班的选择,千万不要有因为别人都去了,所以我们也必须去的想法。我作为孩子的母亲,我对她的学习情况是了如指掌的,但还是要尊重她自己的想法,跟她一起讨论需要什么样的复习资料,需要什么样的课外培训。她对于数学相对信心不足,但我们商量之后还是决定不上培训班,而是自己选择一些课外练习,自己无法解决的问题请数学老师指导。当她遇到困难时,我先让她自己试着解决,如果还是不能解决,我就会引导她解决问题,帮她找出症结所在。我们作为家长,对孩子最大的支持是对她的肯定和鼓励,随时给她一些肯定,肯定她付出的努力和取得的进步,鼓励她朝着更高的目标去奋斗。

指导篇:理念牵引,多元培养

家长可以从以下几个方面多关注孩子:一是培养孩子自主学习和自主管理的能力,尤其是进入青春期的孩子,自我意识越来越强,家长要学会给孩子留有一定的空间。二是有意识培养孩子对知识本身的兴趣,明确孩子的兴趣点,做出适合孩子的选择。当孩子有了真正的发自内心的需求之后,他们才会有前进的动力。三是注重培养孩子的综合素养,这就需要家长目光远大,视野开阔,站在分数背后,让孩子在他们自己喜欢的领域里面,投入精力,汲取知识,体验成功,获得成就感,用更加积极阳光的心态面对学习,面对人生的困难。

小贴士:

掌握规律,学习理念

推荐操作:家长们不妨自己开始学习一些小学初中孩子的身心健康书籍,了解这个时期的孩子特点。家长们还可以通过一些家庭教育的公众号学习多元理念,拓宽自己的视野,培养孩子们的综合能力与适合初中的学习习惯,比如运用错题本、制订详细学习计划等。

有句话说得好，只盯着成绩的教育，一定是失败的教育！家长除了多关注孩子的学习，还要丰富孩子的课外生活，帮助孩子健康平稳过渡。在关注学习的同时，家长们一定要注意以下几方面的培养：一是加强体育锻炼，增强体质。运动带来的不仅仅是强健体魄，增强身体素质，热爱运动并取得一定成就的人往往具有强大的自信心和号召能力。家长平时可以多和孩子一起进行体育锻炼，发展一项孩子擅长的体育运动，帮助孩子克服学习品质上的弱点。二是丰富社会实践，发展个性。孩子的生活不能局限于教材、局限于课堂，更应该以生活为教材，以社会为课堂。在中小衔接过程中，家长可以主动参与到孩子的社会实践活动去，和孩子一起游览名山大川，走访各类博物馆，积极参加各种志愿者活动。三是积淀人文底蕴，博览群书。家长可以和孩子共读，一同"博览群书"，帮助孩子积淀人文底蕴。阅读孩子读过的书，和孩子有更多的心灵交流。通过共读，创造与孩子沟通的机会，分享读书的感悟和乐趣；通过共读，可以带给孩子欢喜、智慧、希望、勇气和信心。

准备篇：观念转变及具体准备方式

关于"小升初"过程中，家长们的观念转变以及需要准备一些什么：一是要建立家庭"契约"精神，对于爱玩手机的孩子，家长们首先自己要戒掉手中的手机，和孩子一起少接触手机，可以和孩子建立一种约定俗成的契约，珍惜时间，多花时间在阅读和课后整理上。对于磨蹭没有写作业动力的孩子，可以和他达成某种约定，达到什么目标可以满足什么愿望等。二是家长们自己要做好心理准备，小学和初中的学习不尽相同，且评价方式有很大区别，家长切不能纯粹比较分数数值高低去评判孩子的学习状态，一定要了解清楚其在群体中的表现，以及孩子在一个阶段的变化趋势，重点分析孩子学习中存在的主要问题。

咖啡续语

◎小试身手

经过家长咖啡厅各位家长、老师和专家的分享和交流,互相促进,互相成长,家长们也都很用心地将这些内容记录下来并付诸了行动。后期咖啡记者与参与活动的家长进行了电话交流、微信沟通,很多家长主动反馈了自己和孩子的心态转变以及情况。

　　小学五年级　小齐妈妈

　　放下焦虑,让孩子选择　当时我来家长咖啡厅时,确实非常焦虑。一边在考虑要报培训班吗,报几门啊,到底孩子上公办呢,还是上民办。那天听完老师们和专家的一些话之后,我很有触动。我们家庭成员一起商量,读公办还是民办由他自己决定。我们先问了他的想法,他自己意思是不太想去压力大的民办,所以我和孩子爸爸就很尊重他的意见,当场拍板决定就公办初中了。还有关于培训班,我也问了孩子自己的想法,他自己意思是目前学习还是游刃有余,不需要报培训班。我和孩子爸爸想,既然孩子这么说了,我们就听他的,不报任何补习班。现在我眼光比之前长远了,以前我只关注他成绩,我现在还会和他交流一下他的兴趣爱好,放学之后不再只和他交流学习了,也会和他聊聊国家大事等等。我是感觉自己以前太唯分数论了,所以一到稍微重要一点儿的关卡就特别焦虑,带得孩子也会焦虑起来。现在我不怕"小升初"那么多抉择了,我们做好决定了。

　　小学五年级　小同妈妈

　　平等倾听,找到心结
之前我和她真的是已经到水火不容的地步了,我说什么她都听不进去,两个人常常吵架。那天听曹校长说,六年级的孩子已经是进入

困惑迷茫的青春叛逆期了，在沟通的时候一定要注意平等的姿态，多听少说。我很有触动。我感觉我就是没有理解她，没有好好倾听她，认为她是无理取闹，其实她也有很多想法和困惑。那天回去之后，我和她坐下来好好谈了谈，我一直提醒自己，多听少说，让孩子多诉说一些她的想法。那天，孩子也破天荒地和我好好地沟通了一个多小时，这是我们久违的好好说话了，我那天太感动了，都忍不住哭了。她看到我哭了，也哭了，后来深入谈心才知道，其实她现在脾气那么暴躁易失控，和她在学校里发生的一些事情有关。我听她诉说完之后，给了她一些我的想法和意见，安抚了她受伤的心，并且打算和她一起解决、克服，全身心迎接"小升初"。我们的关系从那天深入交谈开始就变得融洽了……

小学六年级　小安妈妈

培养自主学习、管理能力　我主要就是想了解"小升初"的过程中，家长和孩子都需要做好什么准备。那天活动收获颇丰啊，我既听到了家长们要做好心态调整的准备，也听到了我们家长要在这短短的时间内培养

家长咖啡厅第二期某位家长的心得

好孩子的自主学习能力和自我管理能力,注意学习方法和效率。都说初中自学能力培养很重要,自我管理能力也很重要,所以现在我让他自己安排复习计划,不要再像以前一样什么都是我帮他操心,我代他做,我现在主要在训练他这方面的能力。还有,听到老师说要加大阅读量,还有准备好错题本,要开始错题整理了,我们也都准备好,开始做起来了,希望到时候(到初中)也能尽快适应吧!

　　小学六年级　小杜妈妈

　　兴趣个性与学习共发展　上次听完家长代表的发言还有几位老师的发言之后,我之前的纠结一下子放下了许多。我孩子吹单簧管很多年了,但之前考虑让他去民办读书,那就要放弃单簧管了,因为根本没时间。但是听完几位老师的话,还有那位家长的亲身经历,我很受触动,我觉得没必要为了让孩子一定要读民办初中,让他放弃兴趣爱好。我们经过讨论,决定孩子不管是读民办还是公办,都应该让他继续发展他的兴趣爱好。我们家长不能只关注他的学习,(这样会)导致孩子压力大,他也无法综合发展。至于究竟是读公办还是民办,还是主要看他自己的想法。他比较偏向于读公办初中,我觉得也挺好的。听完老师们的建议,这段时间趁他读初中之前,我们需要着手准备很多,学习上很多好的习惯都要注重培养。

◎心灵感应

　　在家长们参加家长咖啡厅之后,孩子们眼中的父母有了一些变化,孩子们感受到了父母什么样的变化呢?孩子们自己又有哪些体验和新的感受?我们采访了部分参加了咖啡厅活动的家长们的子女,孩子们向咖啡记者提供了"我眼中的爸爸妈妈变化"为主题的一些体验反馈。

　　小齐　男生　小学五年级

　　妈妈放下焦虑,主动权交给我　妈妈在参加家长咖啡厅回来之后,明显感觉到她原本的焦虑少了很多。之前她总是在想着要给我报不报班的问题,她周围有很多我同学的爸爸妈妈都在说要报班,她也不问问我的感受,只和爸爸两个人在商量。至于读民办初中还是公办初中,也是不问我的想法,其实我内心是打算就读公办初中的。不过好在她回来之后,就说要让我一起和他们商量我的升学问题,还说特别希望听听我的意见。我们就此召开了第一次民主的家庭会议。我表达了自己的想法之后,爸妈居然破天荒说我的人生我做主。当时我感觉好高兴,爸妈终于能尊重我的想法,让我自己做出决定啦!最近,我和妈妈的交流也变多了,她以前只关心我的学习成绩,现在她会来问问我其他方面的情况,也会主动和我聊我感兴趣的一些内容,让我觉得我和妈妈之间的距离拉近了不少,我真的很开心,也有了更大的学习动力。

小同　女生　小学五年级

和妈妈的深度谈心　我和妈妈的关系可以说是很僵硬,谁也不肯服输。妈妈之前从来不听我说什么,非得说都是我的问题。可是自从上了五年级,学习上负担真的增加了不少,妈妈也不体谅我。不过从那天参加完家长咖啡厅之后,她回到家就和我一起畅聊了一个多小时都不止。妈妈终于肯听我说说我的焦虑、我的困惑了,不再是一味给我压力,告诉我马上要"小升初"了。那天之后,妈妈帮助我打开了我困惑许久的心结,我们俩算是打破了僵局,我们想着齐心协力来面对"小升初"这场战役。妈妈还主动和我道歉,说以前都没有好好听我说我的诉求,之后她不会再这样了。我觉得妈妈一下子变得开明了好多啊!

小安　男生　小学六年级

父母开始培养我的自主管理能力　我妈妈现在对我要求越来越高了,她说要用这小学最后不到一年时间训练好我的学习习惯,来迎接初中学习生活。她现在和以前也不一样了,以前每晚她都会仔细检查我的家庭作业,直至我订正正确为止。作业完成了,又会自作主张帮我安排剩下的时间,安排好我的复习计划等等。现在她提出,这些事情都需要我自己来做。我需要自己制订好学习计划,自己安排好时间,她也不再来看我每天的回家作业,让我自己不要再指望她检查和帮我订正,要自己保证作业的正确率。妈妈说为了尽快适应初中学习生活,我要开始做错题本,养成这个习惯。妈妈从家长咖啡厅回来,就变得更加注重培养我的自主学习能力和自主管理时间的能力了。我觉得以前的我可能有点太依赖妈妈了,她现在主动提出这些改变,我可能一开始很难适应,但是这也是为了我自己好,我也到了必须得开始改变自己的时候了!

小杜　男生　小学六年级

妈妈尊重我的兴趣发展　我从小就学单簧管,一直有这个兴趣特长,每天都要花半小时以上在练习单簧管上。但是现在马上"小升初"了,妈妈之前说让我可以准备不用练习单簧管了,以后都一门心思学习就好,好好准备,要考个民办初中。我自己的想法是不管是读公办初中还是民办初中,我都不想放弃单簧管,这么多年的坚持和爱好,不能说放就放了。妈妈在参加家长咖啡厅回来之后,她说她改变了想法,同意我继续保留吹单簧管的时间。我现在每天都继续练习单簧管,不管我最后决定读民办还是公办,我都不会放弃我的单簧管,妈妈也是认同我的,支持我继续保持练习,我好开心。

**咖啡评论**

让孩子主导规划人生

每个家庭的孩子都会经历"幼升小"、"小升初"、中考、高考等这些特别的抉择时刻,每个岔路口都有很多种选择,人生规划就显得尤为重要。但孩子的人生规划从来不应该是父母的事情,父母在这个过程中充当的角色是引导者,主导者则是孩子自己,他们自身的规划需要他们自己完成。如何做好家庭教育中孩子人生规划的制订?

规划从了解孩子开始

要做人生规划,首先要了解。了解自身的特点,了解未来选择的多样性和可能性。在小学高年级到初中这个阶段,孩子进入青春期,他们对自己有了一定的认识和了解,但还不够全面,很多时候他们自己的了解很片面。孩子对未来的迷茫和未知,这些都需要家长帮助引导。家长不仅要了解孩子的学习成绩,更应关注的是孩子的学习能力和学习提升的空间,在孩子的学习能力范围内,帮助孩子一起制订人生规划。

规划以平等沟通进行

孩子的人生规划是一个很宽泛的内容,父母要做好的是指引孩子在不同的时期做好清晰明了的定位和目标。人生轨迹的前期,孩子还比较依赖父母时,每一次做抉择,父母应充分尊重孩子的意见,而不是什么都是父母说了算。现代社会比起古代来说,父母已经开明了不少。但是调查发现,目前的家庭里很多时候都还是父母为孩子做好几乎所有的打算。父母在家庭教育中一定要找准自身定位:父母是孩子的倾听者、引导者和支持者,但不是所有事情的决定者。父母要用平等的姿态,与孩子进行沟通。父母需要学会沟通的艺术,参与到孩子的规划中。

规划应目光长远谋划

睿智的父母从来都不只看重眼前孩子的成绩,家庭教育的重要性不言而喻,但是家庭教育不仅包括学习成绩的教育,还包括孩子综合实践能力的培养、自主管理和学习能力的培养、人生观与价值观的正确塑造等。家庭教育的重要性不言而喻,是为孩子扣好人生第一粒扣子般的重要。人生规划不应该只注重学业,还要注意孩子的兴趣和个性化发展,不能因眼前的短暂成果而随意抛弃兴趣爱好,这是当前许多家庭所忽视的一点。

规划需积极付诸行动

诸事最怕只有打算没有行动,在孩子需要迎接许多转变的时期,家长应有意识地培养孩子们一些更高要求的技能和能力,并且让孩子通过制订详细的方案或者操作步骤,培养一些良好的习惯。很多家庭中,家长和孩子都是口头上的约定或者是大概念下的规划,若没有细致地分解如何实施,则失去了意义。家长还要注意言传身教,你和孩子共同制订了详细计划,让孩子养成一些好习惯、好能力,那么自己也要付出行动,执行起来养成好习惯。孩子在小时候从模仿父母开始,父母一直都是孩子最直接的参照者,为了孩子的规划和目标,家长们需要和孩子一起建立信任和支持,言传身教。

当今社会,运转速度之快让许多家长"急功近利",内心的焦虑直接传递给了孩子,让孩子在学业和父母以及多方面的"多重压力"下,情绪变得暴躁、失控、多变。孩子们对自身的人生未尝没有过规划。即使有的孩子对自己的人生规划是很迷茫的,父母也需要留出更多的选择权利给孩子,让孩子主导规划人生。父母不应把自己的想法强加给孩子,应该站在他们的角度,多听他们倾诉内心的诉求。在孩子的每个特殊时期,父母都需要放下焦虑,陪伴孩子渡过难关。家长也需要将目光放长远,旨在培养综合型人才的孩子,重视综合素质和能力的培养,与孩子共同描绘精彩的人生。

 **好书推荐**

《孩子,你慢慢来》

推荐理由:孩子们的世界,和我们成人是不一样的,孩子们有自己的思想,他们也有着属于自己的思考问题的方式,父母要当一个合格的倾听者,能心平气和地与孩子交谈,不添加任何的主观色彩。

《小升初家长手册》

推荐理由:全面解读"小升初"面临的种种问题,分析新近的政策变化,提出具体解决方案,理论与案例并重,帮助六年级学生和家长们顺利进入新的人生阶段。

《今年,我们小升初》

推荐理由:本书源自小作者真实的经历,作品故事生动,贴近生活,让读者与主人公涟漪共同经历跌宕起伏的校园生活,在不知不觉中增添了奋进的勇气,孩子的语言让鞭策更为自然。这是一部让人思索与回味的校园成长纪实,是一部生动的"小升初"全攻略。

《陪孩子走过小升初关键期》

推荐理由：这是一本写给小学五、六年级孩子家长的家庭教育指导书。小学五、六年级是孩子"小升初"的关键期。本书从五、六年级孩子的身、心、智特点着手，向家长介绍了此阶段孩子的学习习惯、学习方法，以及"小升初"前的各项准备。本书还着重介绍了青春期早期孩子的生理和心理特征，以及此阶段对孩子的性格发展、行为习惯的培养方法。本书案例丰富，深入浅出，说理透彻，实用性强，帮助家长全方位促进孩子的成长。

《小升初，这样的爱最给力》

推荐理由：本书用小学老师和妈妈的双重身份剖析孩子的行为和心理，将教育的"度"明明白白地呈现在读者眼前：何时跟紧不放，何时做个"懒妈妈"；哪些错误要严厉批评、及时纠正，哪些弯路可以让孩子走一走，吃一堑长一智。教育的时机、方式远比教育实施的长度和力度管用。100分孩子的身后必然站着120分的父母，父母同样需要知识和能量的储备。

读懂青春期，收获小欢喜

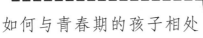

如何与青春期的孩子相处

 咖啡热搜

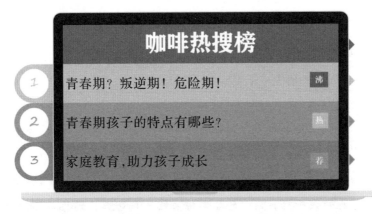

走过美好纯真的小学六年，孩子们进入了懵懂的初中生涯。面对青春期孩子的成长，家长是否有过以下困惑苦恼：有多少次，眼看着孩子玩手机、玩游戏，就是不爱学习，只能干着急？有多少次，孩子顶嘴，对自己的好不领情，越不让干什么越干什么，被气个半死？有多少次，孩子回家就关起房门，很少和自己交流了，担心不已？……孩子开始变得逆反，脾气变得暴躁倔强，不再易于管教，家长常常感到沮丧而困惑：现在的孩子到底在想什么？他们到底想要什么？同时，孩子们的抱怨声也是有增无减：爸爸妈妈很啰唆，他们一点儿都不理解我，不关心我的感受……亲子沟通障碍重重，亲子冲突屡屡发生，家庭教育的有效性不断被削弱。

作为家长的我们每天和青春期的孩子相处，难道只能讲道理、发脾气或者刻意感动孩子？有人说，青春期的孩子就像是一个定时炸弹，那么，家长们如何让自己成为一名拆弹专家呢？青春期是孩子生理、心理和思维发展的关键时期，处理青春期亲子关系既是一门学问，更是一门艺术。本期咖啡热搜话题我们从青春期谈起，了解孩子的成长过程，学习科学的指导方法，助力孩子的身心成长，一起聊一聊青春期的那点儿事。

咖啡广场

青春期的孩子有哪些奇思妙想需要分享，有哪些心酸苦楚需要吐槽？父母眼中青春期孩子又是怎样的形象？在处理各类青春期问题时，家长们碰到了哪些疑难杂症？下面就让我们一起来看一看，青春期孩子和爸爸妈妈之间发生着怎样的故事。

◎学生采访

小嘉　男生　初中一年级

我是为你好　从小到大，我爸妈对我都挺好的，什么事情他们都帮我安排得妥妥帖帖，我也习惯了这样的日子。可是进入初中以后，我发现我妈真的有点"变本加厉"，处处管束我不说，还动不动给我做思想工作，每次都是老调重弹"我是为你好"，这句话我都听了不下一千遍了，哪怕真的是为我好，也应该听听我内心的真实想法吧！我爸听我妈的，反正我所有的想法都会被他们否决，有时候懒得跟他们说，说了也是一肚子气。唉，我现在已经长大了，我有自己的想法了，他们什么时候才能意识到我已经是一名初中生了，能站在我的角度和立场好好听听我的心声，至少尊重一下我的想法呢？

小潘　男生　初中二年级

说够了没，真烦人　我现在都读初二了，学习成绩不够出类拔萃，偏科比较严重，不是他们眼中的优等生。我妈一直觉得是我读书不用心的缘故。每次在学校里遇到不开心的事情，一旦被我爸妈知道，又少不了一顿奚落，说我成绩不好又不知道努力，好像所有的错误都集中在我的身上。我本来觉得妈妈也是好心，但是我只要成绩稍微有点波动，她就可以时时刻刻、随时随地提起这件事，类似于"初中是你读书的关键时期，你一定要好好把握啊，我们对你没什么要求，但是你自己要对自己有要求，要是不好好学习，以后就找不到好的工作……"其实，她说的道理我都明白，我也是一直这么要求自己的，现在她每次说起我就会冒火，好几次就差和她翻脸了，我最讨厌也最害怕和我妈待在一块，唠唠叨叨，没完没了。

小楠　男生　初中三年级

给点儿面子行不　其实我觉得自己最近情绪变化挺大的，好像特别容易生气，尤其是我爸妈批评我的时候，真是闹心。每次他们都在熟人面前挑剔我的不是，把我和"别人家的孩子"比来比去，我就像一个参照物，用来抬高别人罢了。我经常否定自己的能力，做事情瞻前顾后，特别不自信，生怕自己出错。有一次，我请了几个朋友来家里小聚，没想到我妈当着我朋友的面把我的事一桩桩拿出来当笑话说，我当时觉得脸都像被烧着了似的。事后，我就没理睬过她，我也没再敢邀请好朋友来家里。我妈什么时候能够在我朋友面前给我留点面子，在别人面前多认可我的优点不行吗？我已经长大了呀！

小艾　女生　初中一年级

你们不懂我　我一直觉得我和我爸妈之间就存在很大的代沟。他们每天上下班很辛苦，但是除了上班就只关心我的学习和家务事，至于现在流行穿什么，玩什么，哪些明星受人追捧之类的一概不知。每次我回到家和他们在饭桌上聊天的时候，除了谈一下我学校里面发生的事情，就没有其他的话题了。有一次我和我妈逛街买衣服，我妈看中了一套运动服，觉得特别好看，非要给我买。我一看那款式就觉得太老土了，跟我朋友们穿的都不一样，穿出去多丢人啊。我当时就一个人先回家了，我妈回来还数落了我一顿，说我态度不好，只知道把心思放在穿衣打扮上，耽搁学习。我并不觉得爱美和学习之间有什么冲突啊，只是我和他们的审美不一样，什么时候他们才能知道我的内心所想啊！

小昕　男生　初中二年级

我偏不　在我们家里，我经常和我爸妈唱反调，因为他们太自以为是了，不会尊重我的想法。在某件事情上，我认为他们的想法过于落后，我把我的想法和他们表达了,他们还是一味按照他们的想法来做。我说了他们不听,那他们说了我也不愿意听啊,哪怕他们是对的,我也偏不那么做。有时他们看似会征求我的意见,事实证明他们压根没有听进去也没有按照我说的做,纯粹只是走过场,这样更加让我反感。久而久之,我就更不乐意按照他们的意见行事,我就按照自己的主见和想法处理事情了!

◎家长采访

初中二年级　小峰妈妈

困惑之沟通堵塞　我是一位家庭主妇,提到儿子的情况我真是忧心不已。从孩子上小学以后,我一心将时间扑在孩子身上,却从未像现在这般操心。自从孩子进入初二以后,他在我面前不像以前那样无话不说,回到家中总是将自己紧锁在房间里。一天里,我们母子俩说不上几句话。有时我这做母亲的稍不顺儿子的心意,儿子就说没法跟我交流,嫌我烦,怪我不懂还说三道四……有几次,孩子脾气上来了,竟然当着我的面直接甩门出去了,我很生气,但也很无奈,背后也偷偷地哭了好几回。有时候我觉得我这当母亲的挺失败的,在孩子面前腰板都没法挺起来,生怕哪里不顺着他的想法,他就甩脸色给我看。我想着自己真的有那么讨人嫌吗?以前他从来不是这样的,现在都不知道他在想什么。

初中一年级　小蔡妈妈

困惑之软硬不吃　我们家孩子现在进入初中了,除了不肯和我沟通,跟他爸爸的关系闹得也很僵。以前儿子还小的时候,哪里做得不对,或者不听话,实在没办法的情况下,他爸忍不住会"修理"孩子。他爸爸对孩子的要求一直很严格,以前很多方面孩子听他爸的多,算是个乖孩子。可是现在孩子自己都长得人高马大了,我们有时候让他往东,他偏要往西。一旦他爸脾气上来和他硬着来,孩子立刻就犟头倔脑地,跟我们对着干,家庭大战即刻爆发。再到后来他索性不跟我们交流了,对我们的态度是更加蛮横了。现在,我们在很多事情上已经退让了、妥协了,但是和孩子的距离越来越远,没有以前那么融洽。我都不知道应该怎么办。

初中二年级　小新爸爸

困惑之价值审美　我们家是女孩子,最让我们困惑的是孩子现在特

家长与专家分组交流家庭教育中的困惑

别自我，说不得一句，动不动就掉眼泪。她现在还特别注重自己的外在形象，穿衣打扮都是要自己做主的，发型也是一样。本也是好事，可是现在学校里面规定不能烫染，孩子还是费尽心思要把自己打扮起来。老师已经说过好几次了，我们也是好说歹说，但是孩子无动于衷，说什么都听不进去。爱美之心人皆有之，但是因为这方面投入的时间太多，孩子的关注点明显不在学习上面，我们也听到一些关系比较好的家长在说班里某某对谁有好感，我们有时禁不住在猜想孩子是不是谈恋爱了。毕竟初中学业是关键期，孩子成绩也很不稳定，尤其这次期中考试之后有了很明显的下滑，感觉是不是到了青春期孩子把太多的时间花在自我打扮上导致心思不在读书。关键是你跟她说什么她都不来理你，说急了还来威胁我们，挺难的！

初中二年级　小刘妈妈

困惑之喜怒无常　大家说的问题我孩子身上也有，就是"喜怒无常"呗。我们做家长的有时候也是敢怒不敢言。我们这个孩子还有一个很大的问题，之前学习成绩都是属于中上游，但是自从迷恋上看手机漫画和网游之后，就没有办法约束自己控制好学习时间，有时候经常找各种借口欺骗我们已经完成了作业，第二天在家长群老师的反馈中孩子的作业是没有完成的。我们每次心平气和好好跟他沟通,可是好了没几天老毛病就又犯了。我们并不是特别反对课余时间玩会儿手机,毕竟现在手机在生活中也是不可缺少的,孩子在一些特殊情况下也需要和我们联系。但是孩子因为手机而对学习的时间不能把控,那就得不偿失了。我们做爸妈的也不知道应该怎么引导孩子。

初中一年级　小王爸爸

困惑之沉迷手机　我们家也是一样的问题。前一段时间老师反映,孩子上课注意力不集中,经常在课堂上睡觉。我们当时很纳闷,孩子晚上睡觉时间也不超过 10 点钟,怎么会睡不够呢?问孩子吧,他就说自己学习太累了,在课堂上一不小心就打盹了。直到有一天半夜我起来上厕所,发现孩子的房间里有光亮,我就知道孩子还没有睡。有一次他妈妈也发现了这个问题。我们先和老师交流了,老师通过同学才知道班级里有几个同学一起在深夜组队玩网游,我们儿子还是其中一个。真是气不打一处来!孩子回来后,我二话不说立马没收了他的手机,不允许他碰手机。孩子和我大发雷霆,怪我蛮不讲理。接下去一段时间,我们没有把手机还给孩子,以为孩子慢慢就戒掉手机了。直到有一天,孩子的班主任又打电话过来,说孩子把手机带到学校了。我们当时太诧异了,手机明明在我和他妈妈身边。原来孩子自己用以前积攒的钱跑去买了一部手机,我们真的没想到孩子胆子这么大,影响学业不说,我们更担心他的身体,现在这样子确实让我们很头疼。

分别听完家长和孩子的直播间圆桌吐槽大会后,咖啡记者将家长们和孩子们的问题进行了梳理。

孩子们的反馈体现为三类:第一,青春期的孩子在学习或者生活方面反对家长过多干涉,希望能够获得更多的发言权、选择权和自由空间;第二,青春期的孩子很少能够接受家长的絮絮叨叨,希望父母能够有一说一,有二说二,不要碎碎念;第三,青春期的孩子有强烈的自尊心和表达想法的意愿,希望能够时时获得他人的尊重与认可。

家长们的困惑总体为三类:第一,情绪问题,比如孩子易燃易爆点特别低,阴晴不定,内心自尊心强,但是敏感脆弱,禁不起批评;第二,沟通问题,孩子往

参与第三期家长咖啡厅活动"如何与青春期的孩子相处"所有嘉宾和家长

往和家长唱反调,话说不到一处,总是觉得爸爸妈妈管得太多却不理解他们,越来越无话可说;第三,沉迷手机,对学习时间的自我管控能力不够强,往往顾此失彼,导致学业成绩的大幅下滑。

面对种种困惑和不解,我们一起听听咖啡锦囊的智慧分享吧!

 咖啡锦囊

◎**家长互助**

在这个世界上,没有十全十美的孩子,更没有十全十美的父母。如果家长能够意识到这一点,就能够以更从容的心态面对和包容青春期孩子的叛逆。个别家长和同伴们大方地分享起自己的育儿经验。

初中一年级　小李妈妈

沟通莫要唠叨不止　老调重弹碎碎念,唠叨再多也是废话,教育孩子要挑重点的说。如果说个不停,听了半天没有重点那就等于没说。在孩子觉得自己没有地位的时候,说再多的话孩子也不一定能听得进去,更不能把孩子之前犯错的旧账翻出来。我们不停地站在家长的角度教育孩子,应该适时改变一下说话的语气,比如换批评的口吻为充满关心的提醒语气,那么孩子道理也懂了,也更容易接受了。

初中二年级　小杰爸爸

沟通莫要不分场合　孩子在被父母当众揭短或者当众说教的时候,心灵肯定会受到很大的伤害。作为家长不能大庭广众宣扬孩子的过错,否则这会让他们无地自容,一定要维护好青春期孩子的自尊心和形象,哪怕孩子做得有问题,也要选择合适的场合,这样孩子更能够接受家长善意的劝导和批评,不会产生强烈的逆反心理。

初中三年级　小平妈妈

沟通莫要高高在上　孩子的想法再幼稚,行为再不成熟,做家长的不能高高在上,简单粗暴指出孩子的问题,某些问题是孩子成长之路上必须经历的。青春期的孩子爱美,家长首先应该对孩子的审美取向表示肯定和尊重,如果孩子过分注重外形的美而忽视了心灵的美,就要及时引导,和孩子坦诚交流,适当纠正孩子的审美观念,求同存异。

> **小贴士:**
>
> 1.学会沟通:就事论事,点到即止。
>
> 2.提升技能:当众表扬,私下批评。
>
> 3.转变理念:平等交流,正确引导。

◎导师慧语

申屠萍,德天实验小学校长。荣获杭州市教坛新秀、杭州市优秀班主任、全国优秀中队辅导员、下城区教育英才等荣誉称号。曾担任过下城区德育研究室副主任,分管下城区家庭教育工作。

孩子们进入初中之后,大部分也就进入了青春期。这三年是成长阶段中最重要的三年。如果这三年不能好好地引导孩子,那么孩子很多习惯和价值观就会定型，想等后期再来帮助孩子矫正或是改变难度就非常大。每位家长的出发点都是对孩子的爱，没有哪个家长不希望自己的孩子平稳度过青春期，但是一味疼爱是远远不够的，需要一定的方法。

交流篇：换位思考　拉近距离

两代人之间的差异，让家长和孩子在很多时候对同一件事情的看法产生偏差和分歧。如果家长只是凭借自身的阅历和生活经验一味有意无意否定孩子的观点和想法，这就很容易激起孩子的逆反心理，所有的话题都会戛然而止，甚至恶语相向。做父母的首先要摆正姿态，坦然接受；其次是缩小代沟，和孩子之间的思想能有交会点，甚至产生共鸣，就是非常理想的状态。以前我班里有个男孩子，从小所有的事都被妈妈操办了。等进入初中，这个妈妈给孩子报了补习班，没想到儿子说了一句：你从来不问我喜不喜欢，就按照你的意愿控制我的一切行动，我恨你！这个妈妈在我面前吐槽了很久，情绪很激动，声泪俱下。当时我就劝导她：如果换作你，有人让你一直做你不愿意的事，哪怕对方的初心为了你好，你能感受到吗？这个操心的妈妈若有所思点点头。我再进一步开导：当孩子出现了逆反情绪，情绪化能处理好事情吗？你要先稳定情绪，不要按照自己的意思一个劲说下去，静心想一想，如果你遇到了孩子这样的问题，站在他的角度会怎么想怎么做，这样孩子才会觉得妈妈是尊重我的、理解我的，而不是高高在上地凌驾于他、指责于他。事后，这位妈妈向我表示她和孩子沟通不像以前那样自以为是了，有时候站在孩子角度思考问题真的觉得自己也不是完全正确的。她表示：尊重和理解能将孩子和我之间的防线慢慢瓦解，拉近彼此之间心与心的距离。再比如处理孩子的手机问题，我们家长也要换位思考：为什么孩子对手机的关注度远远超过其他

一切事物，甚至忽视和父母一切的沟通？我们能不能走进孩子的内心，换位思考，探究手机为什么能牢牢抓住孩子的心？看到孩子玩手机不愿意听大人的话，家长一厢情愿地采用指令式、批评式的"教育"，一味拿着大人世界的标准来衡量孩子的得失，其实从某种程度上来说是有失偏颇的，叛逆期的孩子不会买账。他们在遇到困难、问题、挫折之后，需要的是来自老师和家长的尊重、理解和朋友式的、设身处地的引导。

倾听篇：敞开心扉　走进内心

不少父母面对青春期的孩子，总是很想知道孩子在想什么，可是孩子什么都不愿意说。一味地等待孩子自己打开心扉倒不如家长主动出击。首先，家长应该放低自己的身份，不做高高在上发号施令的人，而是以沟通的姿态和孩子分享自己的喜怒哀乐，让孩子感受到自己的父母就像无话不谈的知心朋友一样；其次，沟通是双向的，有诉说者就一定会有倾听者，做父母的在孩子愿意表达的时候少说话、多倾听，不要在孩子说话的时候随意打断孩子或者插话。可以尝试针对某件事向孩子提问，不断引导孩子循序渐进地表达，那么孩子才会滔滔不绝地讲出来，家长才能抽丝剥茧，知道孩子的内心世界。曾经有个女孩子向我倾诉她的爸妈总是拿成绩来衡量她的价值，动不动就是"别人家的孩子"怎么优秀，每次想和他们说说心里话，没说两句就开始否定她的能力，有时候还说你读书这么差，难怪大家都不喜欢你。她渐渐地更加不想和爸妈说话了，觉得老师也只看重读书好的同学。其实，我们不难发现，孩子内心很孤单很无助，她希望老师、父母看到自己的存在，看到自己付出的努力，而不是一味地否定。可是他的爸妈从来不愿意坐下来听听她的心声，责怪和贬低使得孩子唯唯诺诺，非常内向忧郁。为此，我主动联系了孩子的家长并且和班主任老师打了招呼，给孩子多一些鼓励和肯定。渐渐地，孩子的话多了，脸上也有了笑容。其实，有时孩子的表达并不是要求父母为自己做什么，只是一种宣泄的方式，如果将这种宣泄的路径都堵住了，怎么能奢望孩子将内心的烦恼向你倾吐呢？耐心的倾听就是对孩子最好的精神支持和心理安慰。最后，允许言论自由，不要将自己的观点强加于孩子身上，不必拿自己的权威镇压孩子，父母循循善诱，以理服人，营造一种宽松民主的家庭氛围，适当的争论也会让孩子觉得父母的开明与智慧。

花样篇：拓宽渠道　缓和矛盾

很多家长都提到在家里和孩子有时已经到了水火不相容的地步，见面都觉得碍眼，那就更不用考虑面对面坐下来好好说上几句话了。相信话题还没有提及，场面气氛已经降到了冰点。这个时候，我们家长需要更加多的智慧，首先要想办法让自己和孩子说上话。我做班主任，就充分利用每周周记的时间，听听同学们的吐槽，看看他们最近有什么稀奇古怪的玩意是我不知道的，然后自己不断学习新事物，努力跟上孩子的步伐，适时在孩子的周记中表达自己的观点，拉近我们之间的距离。其实，没什么高大上的点评，就是充分借助文字，将平时可能面对面难以说出口的话用文字直接写下来，把更深沉的情感说出来，让学生感受到老师的心意。所以，在现实中孩子不服气父母的批评，家长放不下自己的面子，家庭氛围变得剑拔弩张，倒不如冷静下来，事后如果碍于面子，那就写信、留便条、发微信等等，用迂回、委婉的交流方式表达。书面语的表达更正式更严肃，情感的表达也可以更深沉含蓄，孩子的印象也会更深刻，更加容易接受父母的说教，避免了面对面交流的尴尬和情绪的冲突，给双方静心思考和回应的余地。家长在这样的交流中，也能够冷静思考教育孩子过程中的得失利弊，孩子也能按捺住自己冲动的情绪，双方闹得不

愉快的情境可能就不会发生了。

> **小贴士：**
>
> 1.用心交流：角色互换，促进理解。
>
> 2.静心倾听：尊重对方，排忧解难。
>
> 3.潜心思考：多元沟通，搭建桥梁。

◎大咖支着

顾一伟，女，国家二级心理咨询师，朋橙心理签约咨询师，全军心理卫生服务中心主治医师，浙江中医药大学第二附属医院临床心理科主治医师。长期工作在临床一线，多次参加国家级的继续医学教育项目，多次参加意象心理治疗的培训和学习。

解惑篇：直面青春期

青春期是一个人由儿童发育到成人的过渡时期，是一个生理、心理迅速发育和日趋成熟的时期，也是决定人一生体格、体质、性格和智力水平的关键时期。当家长们面对诸多的青春期的困惑时，需要追根溯源，了解青春期孩子的生理特点和心理特点，做好万全的准备，才能寻找到应对方法，坦然面对孩子身上的巨变。

随着青春期的到来，男孩和女孩生理上都会发生显著变化，这些变化让他们从稚气十足的小孩逐渐蜕变成为英俊挺拔的青年和美丽动人的姑娘。伴随着生理上急剧的变化，青春期的孩子容易产生成人感，进而不断冲击着其心理的发展。成人感和半成熟的现状，使身心发展在这个阶段失去平衡，冲突不断，也就是我们说的"长大未成人"。青春期孩子的心理有以下几个显著的特点：独立性和依赖性的矛盾，性冲动与性道德的矛盾，理想和现实的矛盾，开放与封闭的矛盾。那么，面对这些矛盾，我们家长可以怎么做呢？

实践篇:解码青春期

　　家长要保持自身良好的心态,管理情绪。青春期的孩子生理是成熟的,心理是滞后的。在独立性和依赖性之间徘徊才是一个正常青春期的孩子。独立性是孩子认为自己长大了懂事了,有能力按照自己的意愿行事,按照自己的想法安排生活、交友、学习,不愿意听从别人的意见,就是我们说的“叛逆”。依赖性恰恰是因为这个年龄的孩子缺乏经验,缺乏能力,缺乏社会关系,没有经济来源,他还没法摆脱对父母、对家庭、对成人、对组织的依赖。“叛逆”是为了建立边界,要融入社会不和父母合伙,挑战权威。这时候父母就会成为孩子练习的对象,因为父母就是青春期孩子的权威,既可以练习又非常安全。聪明的父母不能总让孩子输。在父母权威面前总输的孩子将来会惧怕权威,进入社会之后面对权威就会唯唯诺诺,胆战心惊,可能会成为一个好人,但是这样的人

顾一伟老师与家长交流、探讨

一生都不快乐,也无法超越权威。让他总赢,那么进入社会就会肆无忌惮。怎样拿捏尺度分寸,其实家长不用刻意,跟着感觉走,不用瞻前顾后,可以表扬在先,肯定动机,比如孩子把别人家玻璃踢碎了,要肯定孩子锻炼身体的动机,再表达自己的看法;可以改“批评”为“表达担忧”,比如“你这样的话,妈妈会担心你”“要这样的话,爸爸会担心”,说“我”不说“你”,一个不防御的人,心灵才是好打开的,情感才是流动的,道理才能够渗透进去;可以就事论事,模糊价值观,提出建议,比如孩子犯错误,家长把过去的错误都翻出来,今天总比昨天的错误多,明天比今天的错误还多,负担太重,孩子稚嫩的肩膀自然无法承受,家长就不要总旧事重提,而应该点到即止,效果更好。

　　家长要接受孩子性意识的萌发,多疏少堵。性意识的出现是青春期典型的心理特点。随着性意识的出现,人的性格、兴趣、爱好等个性心理

也相应发生一定的变化。初中生性意识已经萌发,对性知识充满好奇,可是他们又迷惘焦躁,不知道怎样获得并处理两性关系。在这一阶段,如果在现实中否定了孩子懵懂的"爱情",否定了孩子的性冲动,就等于否定了他身体和心理发育的必然性,否定了他内在的动力,往往会给他们心理带来创伤,并可能激发他们的逆反心理。家长一味反对阻挠,孩子本能就是防御,压迫越深反抗越烈。现在很多家长都非常注重孩子兴趣爱好的培养,做父母的完全可以引导孩子加强体育锻炼,转移注意力,分散精力。

家长要悦纳孩子成长的变化,多赏少责。孩子往往想法很丰满,行动很骨感,是思想上的巨人、行动上的矮子,有无限美好的设想却没有相应的行动。往往这个时候,家长作为一名成年人就会做出挖苦讽刺的态度,总会认为你想你就做,做不到就别想。比如孩子说他的目标是考重高,说得欢欣鼓舞,你当时听着也很欣慰,觉得自己的孩子终于长大了,懂事了。可是没过多久你就发现孩子说一套做一套,没有实际行动,成绩没有丝毫起色,甚至测验中成绩下滑不少。这时,作为家长的你如果对着孩子说:你嘴巴上说得好听,你看看考了几分,我看你普高都考不上。孩子会做何感想?如果家长换个角度对孩子说:从这次阶段性检测来看,说明距离你的目标还有很大一段差距,我们一起来看看到底学习上哪些方面还有提升的空间,我们要抓紧查漏补缺才行。前者是挖苦讽刺,后者是理解鼓励,相信大部分的孩子都更愿意和后者这样的父母交流。孩子身上对理想和现实的矛盾,对于想法和行动之间的分裂,家长应该尊重和理解,适时给予帮助,才能帮助孩子顺利度过叛逆期。

家长要尊重孩子的朋友圈,多引少阻。青春期的孩子很容易将自己的内心世界封闭起来,一方面是自我意识和独立意识增强所致,期望追求自己独立的精神世界;另一方面往往出于对成人的不理解、不信任,不愿意向自己的父母袒露心声。这时候对孩子来说最亲密的人就是自己的伙伴,他们更倾向与自己认可的同龄朋友推心置腹。有的时候,同学打电话关上门儿一打一个小时,家长一进来,马上就把电话切断。家长在孩子心目中的地位没有自己的朋友重要。这时,家长就要关注孩子活动的小群体，如果发现孩子的同伴对孩子有不利的影响，立刻简单粗暴地不允许孩子和他的朋友来往，孩子往往会和自己的父母发生冲突，反而和朋友走得更近。有的家长为了更加了解孩子，甚至会偷看孩子和朋友的聊天记录，还会给孩子重视的伙伴"贴标签"，不许往来。当孩子觉得家长对他一点儿都不尊重、不信任时，必将会有一些过激的言行，很容易导致双方矛盾的激化，甚至爆发"冷战"。青春期孩子对"尊重"的需求量越来越大，使他们很容易情绪化。家长要多观察孩子成长的变化以及他们内心的真正需求，关注小群体，引领小群体，不要剥夺孩子和同伴交往的权利，才能走进孩子的内心。

小贴士：

　　1. 给予孩子平等对话的权利，拉近亲子关系。

　　2. 关注孩子自身能力的发展，提升陪伴质量。

　　3. 家长学会以身作则，身教胜于言传。

王攀，国家二级心理咨询师，医学硕士，精神科执业医师，国家二级心理咨询师，朋橙心理首席咨询师，全军心理卫生中心工作十年。浙江大学公共管理学院讲师；第三军医大学、第四军医大学临床心理讲师；浙江中医药大学临床心理讲师；擅长抑郁症、焦虑症等各种心理疾病的诊治，以及婚姻家庭心理咨询、青春期心理咨询、心理危机干预和各种心理问题的测评、干预、咨询（沙盘疗法、精神分析）等。多次参与突发事件的心理危机干预，心理咨询个案达到千余小时，承担心理卫生宣教、心理沙龙、心理培训等工作。

陪伴篇：建立联结　用心沟通

　　沉迷电子产品、网络游戏的孩子家长的有效陪伴往往是不够的，父母和孩子之间缺少有效的互动。很多家长会说，我们陪伴孩子的时间真的

不算少,只要休息时间就陪着孩子上补习班,双方待在一起的时间也很长,大家都已经筋疲力尽,但是还是不讨孩子欢心。什么是有效陪伴?难道仅仅是相处在一块吗?家长可以思考和孩子待在一起时情感上的联结是否充分。如果双方待在一起,只是谈论学习成绩的好坏,试想这样的父母可能走进孩子的内心吗?一个孩子全部生活如果只有学习,那么他有多么的孤独!孩子在学习之外剩余的时间只能够用网络来填补。只有双方建立真正情感上的联结,才能收获高质量的陪伴。

引导篇:处理关系　合理使用

"互联网+"时代,网络已经成为人们日常生活中不可或缺的新沟通渠道与生活空间了。社会日新月异,每天都有新的问题产生,家长首先不能戴着有色眼镜看待手机,不是手机影响了孩子的学习,而是孩子不懂得如何处理学习与手机的关系。结合青春期孩子的成长特点,读懂孩子的想法并正确引导,手机反而可以助力孩子的成长。青春期是帮助孩子处理关系的关键期,手机问题指向的核心问题是孩子处理关系的能力。手机本身没有罪过,家长要帮助孩子学习怎么处理与手机的关系,怎么用手机,什么时候用手机,都是需要家长引导的。经过调查研究,有些玩电脑的孩子是将电脑作为查找资料的工具,利用网络数据库补充自己的知识,看一些有益的视频,会玩但是从来不迷恋。反而是那些家长管理非常严格,从来不被允许接触电子产品的孩子,一旦离开家长的管束,玩得最厉害。甚至他们在尝到了网络的无穷魅力后,会想方设法避开家长偷偷玩。好比小孩子从来不给他吃糖,等他一旦尝到糖的甜蜜滋味,可能吃得更加厉害。这时候,我们家长可以思考引导孩子怎样正确看待手机,而不是一味地约束。随着青春期孩子自我意识等各方面的觉醒,每个孩子迷恋手机的目的可能不同,这时候家长可以多关注孩子玩手机的内在需求,孩子是仅仅为了逃避学习而迷恋游戏,还是为了获得某种情感上的满足而畅游虚拟世界,抑或是为了跟自己的朋友有共同的话语而使用手机接触新鲜事物……孩子沉迷游戏，如果简单地一刀切，肯定治标不治本。引导孩子合理使用手机，需要家长的智慧。

 **咖啡续语**

◎**实践回声**

第三期家长咖啡厅活动结束后，咖啡记者对参与活动的家长们进行了跟踪性随访，针对家长们关注的沟通、情绪、手机等问题，向家长们了解现在和孩子的相处情况。家长们将自己的学习和实践所得大方地与咖啡记者分享、畅谈。

初中二年级　小峰妈妈

留出空间　温暖同行　我现在面对孩子身上的问题，不再像以前那样执着与焦虑了。同样为了孩子好，我会想方设法委婉表达自己的担忧，不让孩子觉得我这个妈妈太"啰唆"。将全身心的注意力从孩子身上转移到自己的兴趣爱好中，给孩子留有空间，给自己腾出时间，发现青春期的儿子其实也很可爱。以前儿子出门晚回家，我总是非常担心，时不时打电话去催他赶紧回家，现在儿子出门的时候，我会说你要是回来太晚一定要注意安全，不然妈妈在家里会担心你的。没想到儿子现在会主动和我报备回家的时间，回来晚了会给我微信留言，让我不用担心，早点睡。感觉儿子在生活中开始学着照顾我了，让我很感动。看来言语中不要总是说"你"，多说"我"，孩子更能够接受我的唠叨。

初中二年级　小蔡妈妈

开诚布公　共同协商　上次参加完家长咖啡厅的活动后，我回到家好好地和孩子爸爸交流了一番，总结了我们做父母的身上的不足之处。找了个双休日，他爸爸也在家里的时候，我们开诚布公地向孩子郑重道歉，表示之前对他的指责其实没有任何的恶意，也希望孩子能够体谅我们的苦心，没想到儿子不好意思地说："都是一家人，我难道还和你们计较不成？"我听孩子说完忍不住笑了，心想：儿子终归是爱我们的，我们的教育方式真得改一改了。自此，我心中搁着的那块石头也落地了。现在，我和他爸爸言语中也不像以前那样冲动了,他爸爸更不会因为生气而责备孩子。尊重和理解是沟通的前提,和青春期的孩子沟通更是一门艺术,我们还要不断努力才行。

初中三年级   小陈妈妈

摆正心态 积极面对   很高兴能够和你们分享孩子身上的改变,我现在觉得教育孩子很重要的一点就是家长的心态一定要摆正,既然孩子学习不行,那就充分挖掘他的长处。孩子课余喜欢打篮球,打得也很好,前段时间我得知他想报名参加校篮球队,估计害怕我说他不专心学习,他回来也没有说起。直到孩子班主任打电话来,我才得知这件事。那天等孩子放学回来,我就鼓励他积极报名参加校篮球队。孩子当时还非常吃惊,问我怎么知道这件事,又追问我为什么答应让他参加。我能感觉到他非常开心。这之后每次训练回来都愿意和我主动分享打篮球中的苦与乐,我们母子俩之间的交流越来越多,家里的笑声也多了,我的心情也舒畅了。这段时间他还代表学校参加了杭州市的比赛,取得了挺不错的成绩。我肯定他付出总有回报。他的爸爸现在也是忙里抽闲,谈论一些孩子感兴趣的话题。孩子现在在学校学习也有了一定的起色,我也没有以前那般焦虑和无助了。

初中一年级   小刘妈妈

学会管理 优质陪伴   为了能够让孩子不沉迷手机,能够管理好自己的学习时间,我帮助他一步步慢慢建立起学习计划,落实到每天的细节中,一天也不落下。虽然过程很累,但是为了孩子的前途也是值得的。我也以身作则,在空闲的时间少玩或不玩手机,尤其没有当着孩子的面玩手机,孩子没有像以前那样顶撞我。看来,道理孩子都懂,就是我们做家长

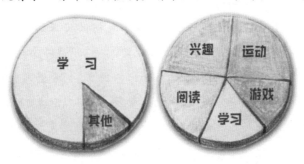

的应该自己先做到才能要求孩子也做到。这一点,我做得还不够,说起来容易做起来难,但是我还是会继续努力,同时要求家里人也要努力。帮助孩子做时间的管理者,不能让孩子空余的时间都被手机占据。

初中二年级　小王爸爸

换位思考　对症下药　自从听了各位家长、老师和专家的分享后,我尝试站在儿子的角度考虑手机问题,这样他比较愿意和我说话了。原来他说他买手机,是因为觉得班里每位同学都有自己的手机,我却不给他玩,害得他和班里的同学双休日都没有交流的机会了。现在同学们有什么新奇的事,他也插不上半句话,感觉自己像一个局外人,融不进同学们的圈子,又怕被我们发现后训斥他,太没有面子了,索性就偷偷买了。我了解情况后,和孩子坦诚表明如果确实需要手机和同学们交流,爸妈也会支持的,但是使用手机的时间是有限定的。在他能处理好手机和学习关系时,我们才会大胆把手机完全交给他,因为孩子的成绩还是有很大的波动。孩子看我们和他商量,哪怕心里不情愿,嘴上还是答应了。手机本身不存在问题,家长只有放平心态,不是简单蛮横无理地干涉,一步步引导孩子处理学习与手机的关系,才是真正帮助孩子。

尊重、理解、接纳,将是每一个父母人生的必修课。通过家长咖啡厅的学习、分享、交流,家长们将自己收获的点点滴滴记录在心中,一起携手,共同守望幸福,守望成长。

◎**心灵感应**

青春期的你有和爸爸妈妈对着干的经历吗?你当时是怎么想又是怎么做的呢?当自己的爸爸妈妈参加完家长咖啡厅之后,你有没有看到他们身上的改变?你有什么想说的话吗?

小峰

通情达理的妈妈　最近我觉得我妈脾气不会动不动就"爆炸"了,说话也变得轻声细语。很多事情,比如我提出周六晚上的时间能否让我自己安排,没想到妈妈没有反对,而是让我自己把计划表列好,然后拿出来和她商量。以前妈妈也是一刀切,让我很恼火,现在觉得妈妈也很温柔,其实我心里清楚她都是为了我好。

小芸

善解人意的爸妈　自从进入初中以后,我的求学路线已经被我爸妈规划好了,我只能按部就班根据他们的意思参加各类活动和补习班。但是有时候我真的很痛苦,想到爸妈总是为了我,我只能将委屈埋在心里。现在,爸妈好像不那么顽固了,态度缓和了很多,我希望能够根据自己的意愿让他们适当允许调整我的学习规划,让我在学习的同时也能兼顾自己的爱好,我也一直为此而努力。希望爸爸妈妈的内心变得更柔软,我真的很爱他们。

小岳

温柔可爱的妈妈　之前我动不动就和我妈拌嘴吵架,不管我爸怎么劝,我们双方都不肯让步,我和老妈的关系也是剑拔弩张。有一天晚上我睡前在枕头下发现了一封信,打开来一看竟然是老妈写给我的。这封信里都是妈妈的愧疚,以及她的反思,还没有读完一半,我鼻子就酸酸的。男儿有泪不轻弹,但我忍不住哭了。后来,每次和我妈意见不统一的时候,我就想起这封信,态度就缓和了很多,毕竟我作为一个男孩子心胸不能狭隘,应该让着家里唯一的女士才行啊!

小言

高情商的妈妈　之前我觉得我妈妈是非常理性但是缺乏温柔的妈妈,但是现在我特别崇拜我妈妈,因为她真的很爱我。有一次,我和闺密闹矛盾,为了一点儿小事冷战了,没想到妈妈得知后开导我,鼓励我勇敢迈出第一步,让我把自己的真实想法告诉闺密。第二天,她还特意做了一些点心,让我带去给好朋友,我和闺密的矛盾化解了。妈妈每次都能把让我感到困惑的事情看透点破,还能给我一点儿"小惊喜",真是太贴心了。

小寒

心思细腻的爸爸　我和我爸的感情现在挺好的，因为我觉得他特别理解我，尊重我。有一次家里聚会，我妈妈在其他亲朋好友面前说了我两句。聚会结束后，我爸主动和我妈约定，以后有什么问题私下说就可以了，不必当着这么多人面说出来。我当时就特别感谢我老爸，我有什么困惑或烦心事都乐意和他说，他也很细心听我倒苦水。很多时候我提到的某一个点，他立刻就能滔滔不绝和我谈论很久，旁征博引，在我心中的形象就特别高大，他是我的爸爸，也是我的"好哥们"。我妈妈也经常说我和我爸感情好，爸爸心思明显比她细腻多了。

养育孩子是一场修行，家长正是带领孩子前行的引路人。家长身上每一个小小的改变，都会在孩子心中种下信任与爱的种子。从现在起，与孩子一起成长，你会发现自己和孩子都会有积极的变化。

 **咖啡评论**

青春期的家庭教育启迪

家庭生活中的亲子关系不是千篇一律，亲子间在价值观和行为取向的选择上容易出现差异、隔阂甚至冲突。青春期亲子冲突是每个家庭都不可回避的正常现象，是亲子关系需要调整的信号。家长只有善于开动脑筋，不断学习，完善人格，掌握方法和策略，建立和谐良好的亲子关系，才能帮助孩子顺利度过这一人生关键期，实现健康长足发展。

百家争鸣，争创民主型家庭

在民主型家庭中，亲子冲突往往会成为亲子关系发展的机遇，允许争辩使得家庭成员彼此间互相尊重，互相体谅，互相理解，相互依存。

德国儿童心理学家认为，孩子敢于与父母争辩，在今后会更有自信和创造力。在家庭生活中，父母切勿把自己的意志简单强加在孩子身上，切勿无条件打压孩子的个人想法，切勿不给孩子发表自己意见的机会，切勿简单粗暴地堵住孩子想要辩驳的嘴巴，而应该为孩子创造一种宽松、平等的家庭环境，可以

　　尝试将"我说你做"换成"你说我听"，尊重孩子的想法，鼓励孩子争辩，允许孩子争辩，让孩子学会争辩，直至他们大声发表自己的观点和建议。

　　孩子爱争辩，说明孩子自我意识开始觉醒，自我认知能力进一步发展，同时通过积极思考和辩论，提升各方面的处事应变能力。但在现实中，孩子因为见识少、阅历浅、不成熟等原因，往往口出狂言，甚至不顾后果，一意孤行，这时父母应该制定争辩的规则，让孩子明白争辩不是胡搅蛮缠，不是得理不饶人，不是为了面子死不服输，而是就事论事，摆事实讲道理，动之以情晓之以理才是正确的争辩方式。同时，家长在争辩中恰当地表达自己的观点，更容易让孩子信服与接受，使孩子逐渐认识到自身的不足，从而在改变中不断成长前行。

学无止境，争创学习型家庭

　　在学习型家庭中，亲子冲突带给亲子间的是自身的成长与发展，是情感上的相互交流、方法上的相互促进、行动上的相互补充。当今社会是知识、技术不断更新与发展的时代，不仅孩子需要不断学习，家庭中的每个成员同样需要不断更新自己的知识储备，才能恰如其分地扮演好各自的角色，促进亲子之间的双向良性互动，减少亲子冲突发生的频次。

　　每个家庭成员都能确立终身学习的理念，和孩子建立交互式的共同成长的学习模式，在互动学习中了解孩子的世界观、人生观、价值观，积极营造家庭温馨学习的氛围；父母弯下腰与孩子平等对话，两代人在心灵上可以产生互动，孩子更能及时与家长交流思想，得到家长的理解、支持；家庭成员间能够妥善地处理化解矛盾，父母长辈往往是少讲大道理，以身示范，不管是读书、运动，还是与人相处，平等地讨论大家共同关注的话题，时刻潜移默化地影响和教育孩子，始终成为引领孩子成长的正能量，家庭永远充满欢乐和笑声，更加民主、平等、信任、尊重，永远乐观向上。

运筹帷幄，争创智慧型家庭

在智慧型家庭中，亲子冲突带给双方的是"冲突—协调"的动态互动，随时切换各种策略，将问题逐个击破。

他们不像"放任型"家长那般采取"听之任之"的态度，他们平时会站在孩子的身后，默默关注孩子自身的变化与成长，在孩子最需要帮助的时候冲在最前面，主动帮助孩子撑起一把保护伞，一起抵御外界的风风雨雨；他们不像"专制型"家长那般要求孩子绝对听从自己的意见，哪怕不能好好沟通也会有的放矢，或回避，或迁就，或妥协，或合作，逃避激烈冲突，搁置不同意见，寻找成熟时机，解决冲突矛盾；他们不像"权威型"家长那般因为身份、地位、年龄等客观因素的差距，误认为自己在孩子心目中有绝对的权威，智慧型家长的权威来自与孩子的沟通交流、对孩子的尊重和理解以及对孩子卓有成效的帮助，又能允许孩子有异议，随时根据孩子的情况提出具体的建议并想方设法帮助孩子达到目标，让孩子在相对自由宽松的环境里成长为一个健全、完整、独立的个体，关注孩子自身的成长，促进孩子各方面能力的协调发展。

 **好书推荐**

《孩子，妈妈陪你慢慢长大》

推荐理由：陪伴成长，在孩子遭遇困境与挫折的时候，给予安慰与支持；放手养育，不随便界定，不轻易设限，让孩子顺应天性，自然快乐地成长。全书几乎都是故事性叙述，充满母亲对孩子浓浓的爱和满满的信任。

《解码青春期》

推荐理由：将青春期不同年龄段孩子的行为和心理特征，融入生动的案例，通过真实、有启发性的故事来帮助家长破译青少年行为背后的动因，提供切实可行的应对策略来与青春期孩子建立牢固的信任关系，解决他们的实际问题，进而实现培养目标。

《陪孩子走过青春期》

推荐理由：从家长和青春期孩子的日常生活入手，解读了孩子进入青春期后，心态、学习、社交、兴趣等各方面的变化以及由此带来的成长烦恼。以"正面管教"为核心理念，用和善而坚定的态度，引导孩子正视青春期遇到的各种困惑与问题，培养自信心，建立归属感，帮助家长在与孩子的互动中，觉知自我，实现自我成长。

《青春期的烦"脑"》

推荐理由：书中平实的语言、可靠的数据和丰富的事例介绍了有关青少年大脑发育的各种知识，为大家提供了一个审视青少年的独特视角，让家长和青少年深入了解青春期种种烦恼背后的原因，并学会应对各种状况的有效方法。

《陪孩子度过青春期》

推荐理由：青春期是挂满露珠的花蕾，有几许清纯几许羞涩；青春期是试翼的雏燕，有几许憧憬几许胆怯；青春期更是通往美好未来的关键期，有几许美丽几许风险。文中以众多孩子为主人公，通过一系列青春期成长故事，剖析青少年成长的秘密，以科学的知识和正确的方法引导孩子远离青春期的恐慌。

青春的"小美好"

家校共话"早恋"

 **咖啡热搜**

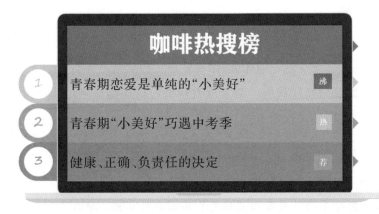

咖啡热搜榜

1	青春期恋爱是单纯的"小美好"	沸
2	青春期"小美好"巧遇中考季	热
3	健康、正确、负责任的决定	荐

　　前段时间,《致我们单纯的小美好》刷爆了朋友圈。它讲述的是蠢萌活泼的元气少女陈小希为爱情天不怕地不怕的故事。她从学生时代起就一直爱慕并大胆追逐邻家男孩江辰。面对陈小希的强烈倒追,傲娇高冷的江辰表面上对执着追求不为所动,但心里默默留了一个位置给小希。大学毕业后,江辰和陈小希分别成为医生和画家。此后两人虽历经波折,但最终高冷的江辰终于选择直面自己的内心,与陈小希开始了一段甜宠虐狗的爱恋。

　　青春就像一本回忆录,记载着少年们的喜怒哀乐,或许为了那个他哭过、笑过、醉过、嗔过。没有什么好丢脸的,因为那是爱情的模样,它记载了青春少年最单纯的小美好。在记忆的最初,在某个人不知道的时间里,陌生的熟悉总是在不经意间扰乱心扉,任凭时间流逝,也无法抹去曾经存在的那段光阴。

　　青春不语,年华易逝,记忆的回声叩响了多少人的心扉。浮华如梦,碎了心伤,回首的瞬间,只剩一声惆怅。那时的少年对于爱情都是一种甜蜜酸涩的感觉,但那却是青春最单纯的小美好。

　　青春期的爱情是美好的,但青春期巧遇中考季、高考季,当今社会的竞争如此之激烈,孩子如果把精力都投入恋爱当中,势必会影响学习成绩,家长想尽各种方法避免"早恋"发生,但它还是来了。为此家长会感到愤怒、无奈、抓狂……

　　本期咖啡热搜话题,让我们从青春期的"小美好"出发,共同聊一聊"早恋"这个话题。

咖啡广场

　　本次咖啡广场活动之前,咖啡记者随机采访了某中学三个年级的孩子,问了两个问题:在人际交往这一问题上,你现在最大的烦恼是什么? 你怎么看待同学中的"早恋"现象? 让我们一起来看看孩子们现在都在想什么,烦恼是什么,跟我们家长的困惑是否相关吧。

◎学生采访

　　小可　女生　九年级

　　妈妈敏感多疑　我跟我妈妈关系并不是很亲密。初二有一段时间比较叛逆,和她老是吵架,但也就那几个月,后来一直都还好的。

　　但是前两天,我妈的手机没有电了,说要借我的手机用,我就把手机给我妈妈。结果把手机还给我以后,她就开始有意无意地说我在谈恋爱,而且是用那种阴阳怪气的语调! 她前后说过两次,第一次是我在看一本心理学方面的书时(我比较喜欢这方面的书籍),她就说:"是不是班里有人也喜欢看这本书呀? 不然你怎么兴致这么高?"我感觉她语气很怪,就只是正常地说了一句:"不是,我一直喜欢,妈妈你又不是不知道。"第二次是放学接我回家的路上,我跟她撒娇开玩笑,结果她直接阴阳怪气来了一句:"哟,是不是谈恋爱了呀? 女孩子一谈恋爱就变得这么娇气!"我感觉特别不舒服,心里很难受,但又不知道怎么跟她说!

我想到她应该是看我手机里的短信了。我手机里的短信挺多的,不过都是和好朋友发的。我的朋友比较多,里面也有关系很好的男生,我们之间经常开一些玩笑,就是说一些像情侣之间的暧昧的话,但那都是开玩笑为了酸对方的!最关键的是我手机里都不写好朋友的名字,我们之间都有外号或者别的

称呼之类的,所以也看不出来男女!她甚至因为短信里面用的是"他",就怀疑是我谈了男朋友!但是我真的没有谈恋爱!

小颖　女生　八年级

偷偷喜欢一个人　老师,我有一个秘密能说吗?我喜欢我们班的一个男生,我原来并不喜欢他。刚开学时,他坐我在后面,每次老师要我们讨论问题,他总是跟我有说不完的话,即使我不理他,他也照说不误。他的成绩很好,数学老师经常表扬他,看到他轻松自如讲题目时我好羡慕!每天中午排队吃饭时他都能把班级队伍整理得非常有序,有人插队时他会大声呵斥,他在同学中很有威信。他经常跟我说,他会罩着我,而且他每次说到做到,有两次我们班最捣蛋的同学欺负我,他都挺身而出,我一问他为什么,他总开玩笑地说我是他小妹。今年他不坐在我后面了,可是我发现自己已经喜欢上他了,老师我的想法正不正常呀?

小涵　男生　八年级

不会过早恋爱　老师,我感觉自己每天时间都不够用,哪有时间早恋。每天这么多作业,连课间休息时间我都有很多事要做,每天都要帮老师统计作业、收本子、发本子,班级42个人统计起来很费时间的。一放假爸爸妈妈就带我出去旅游,国内走过很多地方啦,法国、意大利、德国、美国,还有非洲的埃及我都去过。我妈妈早就跟我讲了,我们现在还没有实现"财务自由",不应该谈恋爱哦!我现在最主要的任务是好好学习。等到大学毕业,自己能赚钱了才可以谈恋爱。

小轩　男生　八年级

坦言有女友　老师,我有女朋友,她是初一的,这个学期开学初是这个女孩子主动加我 QQ 的,她还经常送糖果给我。学校元旦会演时她表演拉丁舞。我妈妈知道我在恋爱,而且我们妈妈也同意。我妈说不要跟女孩子太亲密就行。

◎家长采访

八年级　小越妈妈

儿子被女孩牵着鼻子走　我是初二男孩的妈妈。生他的时候,他爸爸已经 45 岁了,所以宠他、惯他,什么条件都满足他。儿子长得很帅,我也舍得给他买漂亮的衣服,把他打扮得帅帅的、酷酷的。从小我就教育

家长在漫谈区域,互相诉说自己在育儿过程中的困惑育儿经验

他:男孩子要大气,跟同学在一起时要学会分享。所以他从小跟同学关系就很好。小学五六年级时有一个很要好的女同学,两个人休息天会去看电影、逛街,我也没有说什么,只是跟他讲要一起学习一起进步。进入初中以后,周围的女孩子多起来了,女朋友换了一个又一个。他对女朋友很大方,会给女朋友买三四百块钱的口红,我都没有买过这么贵的口红。有一次我看见我儿子跟这个女孩子逛街,儿子竟然左手撑成伞状,给女孩子

遮挡太阳。我儿子这么被女孩子牵着,这么殷勤,让我很担心。现在儿子的学习成绩直线下滑,女孩子不仅不是他的学习动力,反而会耽误他的学业。

八年级 小琪妈妈

女儿会不会是同性恋 我是离异单身妈妈,一个人带女儿。女儿初二,虽成绩一般,但有思想,聪明,比较独立。我和她爸爸没有离婚前,经常吵架,有时还动手打架。我知道在这样的家庭环境中成长的孩子会受到心理影响。我女儿有一个非常好的朋友,那个女孩经常到我们家里玩,两个人还一起去买文具,一起去吃饭,一起去玩。开始没有在意,觉得从小培养一个闺密也是挺好的,但是,前段时间我偶然看到女儿和那个女孩子的聊天记录,我吓了一跳,两个人互相表白"我爱你",互称"老公""老婆",空间里还有一张她们在肯德基接吻的照片,这让我感到很诧异。后来,在家里跟她长谈了一次,女儿说,男生性格粗糙,大大咧咧,对女生大吼大叫、动手动脚,跟男生相处,难打交道,如果把握不好尺度,女孩子还容易吃亏,跟女生在一起就不用考虑这些,大家有共同的处事方式,不用刻意伪装,更自然随性。女儿有同性恋倾向吗?

八年级 小群妈妈

女儿表白被拒,身心受创 我是两个孩子的妈妈,儿子24岁,女儿14岁,初二。我要讲的是女儿的事情。我们来自农村,我和她爸爸在杭州打工,她爸爸是很内向的人,不会说话,孩子的阿姨是抑郁症,所以我很关注孩子的情绪。每天放学回家都找机会跟她聊天,可以说是无话不谈。可是初一暑假女儿变化非常大,话少了,脾气大了。我很担心,找机会接近她跟她聊天。女儿跟我讲了这样一件事:她初一时喜欢一个男孩子,他个子高、学习好、人很帅,还会打篮球,每次他在打球的时候我女儿都会去看,女儿聊起这个男生时眉飞色舞,满脸带笑。当时我意识到女儿早恋了。但接下来的话我还是蛮不舒服的,女儿说她认为自己又丑,又黑,又胖,学习又不好(其实我女儿是蛮漂亮的,就是皮肤黑了点)。有一天女儿鼓起勇气跟那个男生表白,男孩子当时没有什么反应,没想到第二天男孩子的同学都知道了这件事,在学校走廊看到我女儿还指指点点,女儿认为男孩子将秘密当作笑话讲给别人听了。从此女儿在班级变得越来越不敢讲话,一个暑假孩子轻了10多斤。

八年级　小嘉妈妈

女儿为了男朋友自残啊　我们是再婚重组家庭,在孩子五年级时结婚的。对方一个儿子,我带一个女儿。我女儿15岁,初二,个子不高,人清瘦。我对孩子一直管教很严,要求很高,她擅长唱歌、跑步,还写得一手好字,但就是不喜欢读书。进入初中后她学习成绩下降更快。小时候孩子很乖巧听话,进入初中以来却经常跟我顶撞,性急之下我也会打骂孩子,但孩子后爸对她比我待她好,也比她爸爸待她好,家里人其实很宠她。这孩子越来越不容易沟通,常常前一句还是说得好好的,后一句话脾气就来啦,一有情绪就控制不了,很容易冲动。小学时曾经用削笔刀割过手腕,被我吓唬后就没事了。进入初中后,我发现孩子有早恋倾向,因为孩子是用我的手机上QQ的,我看到孩子跟男生的对话,男孩子因为怕影响学习提出分手,女儿歇斯底里说要自杀,还真为了那个男生用剪刀划破左手手腕,划了十几条划痕,流了很多血。她自己说她的情绪完全受那个男生牵制了,如果他不理她了,她的情绪就失控,无法控制,那个男生就是她的一切。看到她的QQ空间里别人的那张自残手腕的图片,感到很瘆人,觉得不可思议,她却觉得很平常,老是跟那些不正常的人聊天,肯定受影响吧。我周围也有家长说孩子有相似经历,我们该怎么办呢?

听完家长的吐槽和前期对学生的随机调查,发现大多数孩子还是很自律的,能够将精力集中在学业上,少部分同学的情绪情感需要家长、老师关注。家长叙述的问题比学生细致、深刻,孩子们的情感更简单、单纯。

咖啡记者将孩子和家长的问题分为三类:第一,“早恋”是否允许存在。大部分家长认为“早恋”影响学习,动摇孩子的学习意志,影响孩子价值观的养成,危害孩子个人成长和心理健康,不允许存在。第二,“早恋”与亲子关系问题。心理学有一个调查,卷入早恋的孩子大多有一个特点——家庭不温馨,或者说家长没有关注到孩子心理需求。第三,青春期性取向问题。父母看到一对对女生或男生手挽手,肩并肩,互相拥抱,互相亲吻,就如临大敌,认为孩子是大逆不道的同性恋者。

参与此次家长咖啡厅的家长、老师、大咖以及主办方

家长、老师、同伴怎样看待这些问题？家长和孩子之间谁应该做出改变，又能怎么改变呢？专家又能怎样指点迷津？让我们一起期待咖啡广场的智慧分享！

☕咖啡锦囊

◎家长互助

孩子的"早恋"并非恋爱，所谓的"早恋"有很大的随意性、盲目性、盲从性、攀比性，是一种青春萌动、躁动的外在正常现象。只要家长晓之以理，动之以情，正确引导，几乎每个"早恋"的青少年都能摆脱困扰。

七年级　小骅妈妈

跟孩子讲边界　女儿小的时候，我利用给孩子洗澡的时间，自然地和孩子谈起性器官发育，告诉她女孩子生殖器官是什么样的、男孩子和女孩子的区别是怎样的以及如何清洁卫生的问题，告诉孩子小背心小短裤盖着的地方是人的隐私部位，任何人不经你允许都不可碰和触摸，同时我们也不可去碰和触摸别人；大一点儿的时候，趁春秋游时利用观察动植物的机会,解释生物如何由传递花粉及交配来繁衍生命;再大一些时,新闻报道有关两性相处、青少年怀孕或强暴事件时,我们要告诉孩子生命是最宝贵的,要珍惜生命,要学会拒绝,敢于说"不"。

八年级　小娣妈妈

走进内心正确引导　本来我和女儿小娣是无话不说的好朋友。但是,自从她进入初中后,她开始偷偷写日记,日记本上还上着小锁。我真想打开女儿的日记本看一看。但我知道,女儿的秘密如果丢失了,心就会锁上,会对父母失去信任。于是,我和她爸爸有意识地增加了和女儿在一起聊天的时间。有一次,我主动和女儿谈起自己青春期的一些心态,谈到自己少女时代对异性的好感。说到一些趣事,小娣竟听得哈哈大笑。笑过后,小娣若有所思地说:"想不到你那时也这样。唉!"

"你是不是也有什么苦恼?"我关心地问。

"妈妈,我很喜欢我们的班长,他的成绩非常好,而且长得很高大、帅气。只要一想到他,我就心跳加速,总是希望他能注意我。我该不是不良少女吧?"

"哦,这很正常的啊!你想想,你已经进入青春期了,进入对异性有感觉的人生阶段了。如果没有这种感觉,那才是不正常的呢!"

"你说我这算不算是早恋?"女儿忧心忡忡地问。

"傻孩子,这叫什么早恋啊!这只能算是异性之间的好感而已。当然如果你不用理智去控制,也有可能发展成早恋,那就会给学习、人生带来很大影响,所以一定要学会控制。你已经长大了,我相信你一定能把握好自己!你不是希望他也注意你吗?你可以把自己各方面搞得更优秀,努力把学习成绩提高,争取超过他,让他反过来对你刮目相看啊!嘿,那时候你才荣耀呢!"

"对呀!"女儿高兴地说。

由于女儿化"爱情"为动力,加倍努力,期末考试时,她的成绩大幅提高,已接近班长了。小娣信心百倍地对妈妈说:"下次考试我一定要超过他!"

九年级　小恒爸爸

不要只专注于学习　我是一个心态很好的爸爸;对孩子的成绩要求不是很高。因为我很喜欢户外运动,也经常带孩子参加社会活动。比如带孩子参加过两次杭州马拉松跑,参加过贵州支教,寒暑假培训班结束的空当还会带孩子各地旅游。我儿子很阳光,学习也不错。校外的旅游、交友、公益活动等既可锻炼身体,又可益智、养性。同时培养孩子兴趣,发展个人爱好,使课余的时间充满情趣,充满快乐,"早恋"的情感自然会减弱和转移。

> **小贴士**:
>
> 家长不要回避性知识,在生活中主动渗透性知识。
>
> 走进孩子的内心,才能帮助孩子摆脱困惑。
>
> 积极参加对身心健康有益的活动,转移其注意力。

◎导师慧语

张骊,杭州市朝晖中学德育副校长。浙江省教改之星、杭州市优秀教师、区教学能手、区教坛新秀、区先进工作者。从教21年以来,始终坚守着"教书育人,无私奉献"的人生信念。她的教学座右铭是这样两句话——"假如我是孩子""假如是我的孩子"。

张骊老师认为,青少年早恋问题是一个复杂但却绕不开的话题,令很多父母、老师一筹莫展,头疼不已。青少年早恋也是一种正常的心理和生理现象。作为父母和教师,既要表明自己的态度,又要给予孩子充分的尊重,引导他们提升自己、成就自己。

在中国,"早恋"一词带有负面色彩,一般指18岁以下的青少年之间发生的爱情,特别是在校中小学生之间的恋情。

恋爱不分早晚

对对方的好感,是自然而然的感情,跟青少年的身心发展有关。进入青春期,身体各器官组织的发育日趋成熟,由生理成熟引发的深层次性意识也逐渐觉醒,因而会产生非常自然的恋爱行为。

恋爱很美好

恋爱中的双方,都渴望将最美好的自己展示给对方,从而吸引对方,获得对方的好感。从这个角度来说,恋爱本身是美好的。它激励着个体生命积极美好、充满希望地过好每一天,做好每件事。

恋爱需指导

恋爱是美好的,但是,如何才能让这份美好成为人生美好的回忆,需要青少年有正确的处理方式。如何识别自己的感情是欣赏还是爱恋?如何恰当表达对对方的好感?如何合理地拒绝对方的表白?如何处理恋爱和学习的关系?……让孩子学会把握感情,处理感情,才能为孩子未来的幸福奠基。

花开有季节,成长有规律。春天是植物发芽开花的季节,如果冬天的时候一棵树就发芽开花了,那到了春天的时候,这棵树可能就死了。恋爱如果不按照规律进行,也一定不会有好的结果。春播夏长,秋收冬藏,是大自然的生长、发展、结果的过程和规律,恋爱的发生、发展、结局也同样要符合规律。青少年身心发育尚不成熟,过早沉溺恋爱,就像吃了青涩的果子一样,味道只有苦涩,是有害而无益的。他们年纪尚小,对爱情所包含的社会责任和义务担当都还不知道,也根本没有物质基础和能力可以承担相应的责任。所以,爱情虽然是美好的,但是如果时间不对,美好的爱情也会不再美好,白白浪费了自己珍贵的情感。

以下是我和一位初三早恋男生的对话片段:

师:你是不是觉得她是最好的女孩?

生:我觉得我认识的女孩里她最可爱。

师:老师相信你的眼光。但是,你才上初三,你认识的女孩有多少?

生:我心里只有她。

师:这位女同学是你到目前为止认识的最好的女孩,可是,你将来会有更多的机会认识更多优秀的女孩,到那时你该怎么办?你会不会后悔?

生:可是,现在让我离开她,我很痛苦。

师:你幼儿园时有最要好的女同学吗?

生:有的。那时还小,什么都不懂。

师:初一、初二时有过很喜欢的女生吗?

生:也有的。

师:你以后还要上重高、上大学,认识的女孩还会有很多,到时候你的选择也会

比今天更多。就算你现在确实觉得女孩很好,但是如果影响了自己的学习,考不上好的高中、好的大学了,那女孩也就和你无缘了。如果你与这女孩真有那份情缘,那就先埋下这颗种子,好好学习,考上了理想的高中、理想的大学,再让它开花结果多好。

生:老师,我懂了。

从此以后,男孩把对女孩的特殊感情像一颗种子般深埋心底,生命的乐章却弹奏得更欢快了。他明白,即使爱的种子发芽了,在没长成参天大树前,不可能结出甜美的果实。而在这之前,自己只能做一个默默耕耘的农夫,耕耘、浇灌自己,做好自己,等待庄稼的成长、成熟、收获。

发现男女学生有早恋现象,既不能不管不问,听之任之,也不能简单粗暴,一棒子打死。教师和家长在教导的时候,首先要用同理心感化孩子,站在孩子的角度,告诉孩子,自己在他这样的年纪也有这样的情感和心理,这是很正常、很美好的一种情感和心理。其次要以理服人,帮助学生分析这种情感的利弊,以理智诚恳的态度向孩子讲述早恋的后果及危害。只要父母、老师坚持摆事实讲道理,以理服人,以情导人,孩子是能够接受老师和家长的教育劝告,摆正心态,珍惜情感,保持理性,最终收获美好未来的。

"自己要优秀。"优秀一方面是自己能力、实力的体现;另一方面也是因为你喜欢的人一定是你心目中很优秀的,而只有自己优秀,才能配

得上对方的优秀。同时,正因为对方优秀,所以一定还有别的同学也会很喜欢,如果自己不优秀,那怎么会得到对方的重视和喜爱呢?青少年时期的学生,都有争强好胜的心理,为了使对方的心灵也保留对自己的美好印象,自己一定要变得更加优秀,才会惺惺相惜、互相爱慕、互相促进。

那如何变得优秀?在校期间,要好好读书,品学兼优,心怀理想,并为理想奋力拼搏,不断丰富自己、提升自己,吸引对方;和对方保持共同的价值观、人生观、世界观,才会携手共进,共同创造美好的未来。就算将来不能成为婚姻的伴侣,至少也是人生的知己好友!

"更为对方好",是引导学生从早恋情感里走出来最见成效的一句话。为什么要更为对方好?爱情之所以那么美好,是因为它非常崇高、纯洁,是利他的而不是利己的,是以对方的快乐为快乐、对方的痛苦为痛苦的。如果只为了满足自己的恋情或者欲望,为了自己的快乐幸福而不顾对方的感受,那是非常自私的,而且一定会为对方反感。如果在学生时代两个人都因为相爱而不再进步发展,那就算以后真的成为婚姻伴侣,也会相互埋怨而不幸福。所以,自己要优秀,更要为对方着想,帮助对方、成就对方。这种为对方着想,想方设法帮助对方、提升对方、成就对方成为最好的样子,才是最美好的爱情。

青少年早恋终归是一种正常的心理和生理现象。作为父母和教师,既要表明自己坚决反对的态度,又要给予孩子充分的尊重,积极地找出早恋发生的主观原因和客观原因,从根本上对症下药。比如,青少年的特点是活泼好动、精力充沛。父母、老师要鼓励孩子多参加班上的文体活动,可以分散孩子过人的精力,丰富他的文化知识,发展他的智力水平,强壮他的身体,这样能够转移孩子对恋情的注意力,让孩子能够克服想入非非的精神空虚。另外可以鼓励孩子与那些优秀的成年人成为互帮互助的朋友,介绍他们认识品学兼优的同龄伙伴,不断提升自己、成就自己,赢得自信。作为教师的我们应细心呵护和尊重学生的美好情感,让他们像花草沐浴风雨和阳光,才能实现健康、茁壮成长。

小贴士：

肯定"恋爱很美好"，建立良好的信任关系。

分析"为时还太早"，理顺生命成长的规律。

强调"自己要优秀"，描绘美好未来的蓝图。

明确"更为对方好"，凸显爱情崇高的境界。

◎经验之谈

为了帮助学生多角度了解男女生交往问题，咖啡记者召集了4位已经参加工作的校友来到同学中，让他们谈谈怎样看待、处理"青春期小美好"问题。

朱辰　幼师

老师，早恋虽然美好，但是其可能会产生的不良后果也是我们承担不起的。很多早恋的同学会认为，我们在一起是可以相互促进学习的，共同成长的。可能一开始大家是这样想的，但是后期你就会发现，你的时间和精力已经不在如何学习上了，你会更多去关注"恋爱的那些小事"，会因为一些小事发生争吵，会想着一会儿在一起做什么，会上课走神想着对方……这些情况的出现就已经影响到学习了。初中生的学业压力还是很重的，一个人的精力只能专注于做一件事，不可能分心同时去做两件事，所以当你在恋爱时，你也不可能再将自己真正地投入学习中去，最后便会对学习造成很严重的影响。

方源昆　公司职员

老师，很多同学都认为早恋是很好的一件事，主要是因为他们思想还不够成熟。在学习阶段，学生的主要任务就是学习。如果在该学习的阶段去恋爱，你能够给对方什么承诺呢？连我们自己本身还需要父母抚养，又如何给另一半他们想要的东西呢？把自己仅有的学习时间都送出去，也就失去了一个更好的未来。

胡静娴　保险公司职员

老师，早恋通常都是以悲剧为结尾的。你在还不成熟的年龄去恋爱，那么你恋爱的结果也可想而知了。据我所知，百分之九十以上的早恋都是以分手为结局的。既然迟早会分手,那为什么还要去花费学习的时间去谈一场没有结果的恋爱呢?

把学习的精力拿去早恋,最后不仅彼此会分手,而且也会耽误彼此的学习,影响彼此的未来,为什么要做这种没有任何收益还会有损失的事呢?也许有的学弟学妹认为这些事不会发生在自己身上。但是如果发生了呢?你能承担起这个后果吗?如果你的人生从此受到了影响,你后悔还有用吗?我们初中时的张恒同学和许亦文同学,初中、高中都很好,最后还不是分手啦,他们两个本来是可以考上重高的,最后都是职高毕业。我们每个人都有向往美好的权利,也都会向往那些美好的事情降临在自己身上。理想与现实终不能混为一谈,过多地将理想美好化,那么结局也会更让你们失望。既然结局注定会是不好的,那为什么不把美好的理想永远刻录在脑海中呢?

> **经验之谈:**
> 早恋影响学习成绩。
> 初中阶段不是恋爱的最好时机。
> 早恋通常都是以悲剧为结尾的。

◎大咖支着

周仁娣,国家级先进志愿者,国际合作项目青春健康优秀主持人。浙江省关心下一代工作先进个人。浙江省青春期教育师资,杭州市青春健康教育优秀师资,浙江省家庭教育学会会员,浙江省妇联家庭教育讲师团专家,杭州19楼智慧家长栏目在线专家。1968年从教,中学高级教师。长期悉心实践研究德育、家庭教育、青春健康教育。退休十多年来,赴全国各地为学校领导、教师、家长、学生举办讲座2000多场次。

在本期家长咖啡厅,周老师跟各位家长深刻分析了"早恋"发生的主观原因和客观原因,

指出只有找出根本,才能对症下药。

生理成熟及性意识觉醒

生理成熟及性意识觉醒是青少年早恋的基础原因。青少年从青春期开始下丘脑—垂体—性腺轴系统分泌各种激素,性器官迅速发育成熟开始出现第二性征,此时青少年在生理上会产生急剧变化。而且随着社会的发展,生活水平的提高,青少年的青春期也有提前的趋势。在内外因共同作用下,青春期青少年的性意识也渐渐觉醒,对对方的好奇心不断加强,对对方会产生有别于同学间友谊的希望,驱使他们接近对方、追求对方。但是处于青春期的青少年的心理发展水平相对于生理成熟程度还相对滞后,思维还较片面化和肤浅化,自我控制能力也较差,所以很容易感情冲动而进入早恋。同时青春期的起始年龄、发育速度和程度及成熟,均有很大的个体差异。女性比男性青春期开始得早,结束得也早。女孩子的性特征发育就要早于男性,因此女学生追求对方的心理早于男生。

爱与归属感的心理需要

爱与归属感的心理需要是青少年早恋的深层次心理原因。亚伯拉罕·马斯洛是人本主义心理学的创始人,其人本理论中心理论就是需要理论。他认为人类有两种需要:一类是本能需要,称为生理需要或低级需要;另一类是随着生物的进化逐渐显示出来的需要,称为心理需要或高级需要。马斯洛提出人类有五种需要:生理需要、安全需要、归属与爱的需要、尊重的需要及自我实现的需要。各种需要的发展是逐级进行的。青少年的情爱需要是个体发展的必经阶段,在个体的生理及安全需要满足的基础上就会出现。早恋只意味着这种需要的提早到来。青少年爱与的归属感的需要表现为对友情和亲情的强烈渴望,希望与对方交往,同时渴望有团体归属感。

到12～15岁,随着孩子的性成熟,身体机能基本完善,有的孩子甚至已经比父母都高大。这时候孩子从生物学上来说,已经可以算一个成人了。因为他们具备了传宗接代的能力,可以初步保护自己,因而可以脱离父母作为一个独立的个体生存了。这时候,孩子对父母的生理需求、安全需求依赖已经降到很低。孩子开始更加注重社交需求、尊重需求,同时自我实现需求开始觉醒。而这时候父母意识不到孩子的这些需求变化，还继续对孩子采取高压管制措施，那么孩子的这些需求就只能从别的地方得到满足。成绩好的孩子还能通过学习成绩来获得尊重和自我实现，而成绩差的孩子只能通过上网、早恋、加入各种小团体获得尊重和自我实现。

必要的性教育缺乏及不良的社会传媒

必要的性教育缺乏及不良的社会传媒是青少年早恋的教育及社会原因。由于社会上反对早恋的呼声很高，很多家长害怕自己的孩子因早恋耽误了学习，对与异性的交往采取了限制措施。家庭往往不允许孩子有正常的异性交往，封锁一切有关性知识和爱情描写的书刊，导致一些孩子产生逆反心理。而一些学校的教师害怕学生早恋发生过错，把早恋看成洪水猛兽，对男女生交往表现得草木皆兵。于是家长和教师共同采取了压抑和限制的教育对策。目前对青少年进行性教育虽然已经引起学校的重视，但还是有许多学校忽视对学生的性教育，而且多数家长也羞于与子女沟通关于性的话题，所以强化了青春期的青少年对性的神秘感及对对方的好奇心，进而促使他们产生早恋的愿望。另一方面，虽然青少年从正常教育渠道接触的性教育非常缺乏，但是目前充斥于书刊、电影及网络等传媒中的关于性的不健康的内容对青少年的熏染也会成为青少年早恋的不良催化剂。

家庭关爱的缺失

缺少家庭关爱是导致青少年早恋的家庭原因。研究表明，大多数早恋都与家庭因素有关。第一，单亲家庭的孩子由于对缺失的父爱或母爱的渴望，很可能会早恋。第二，父母工作太忙或家庭关系紧张，缺乏对子女的关爱，忽略他们的情感需要也会促使子女早恋。第三，父母教育不当、管教方式粗暴简单，得不到家庭温暖的青少年会渴望从对方那里寻求安慰，促使他们早恋。

从以上的分析可知，引起青少年早恋的原因是多方面的，有青少年自身的生理心理内部原因，同时也有学校、家庭及社会原因，只有认识到这些因素，采取有效疏导策略，才能有效地解决早恋问题。

小贴士：

1."早恋"是青少年生理心理发育自然产生的现象。

2.净化社会环境,让孩子健康成长。

3.构建和谐的家庭环境很重要。

咖啡续语

◎小试身手

通过家长咖啡厅的学习、分享、交流,家长们将自己收获的点点滴滴记录在心中,一起携手,共同守望幸福,守望成长。活动结束一个月后,咖啡记者和参与活动的家长们进行了电话交流、微信沟通,很多家长都积极反馈了孩子的近况。

八年级　学生家长

亲子之间无话不谈　参加完家长咖啡厅的活动感到轻松许多,我发现我碰到的问题,别人也有碰到,而且有更科学的办法应对这个问题。我回到家网上查了一些资料,整理了一下思路,跟孩子好好地交流了一番。我告诉孩子,性取向是基本人权,没有对错之分,就像有些人喜欢用左手,有些人喜欢用右手一样,往往是天生的。不过妈妈给你一个忠告——在这个年龄段不要轻易做决定,因为不管性取向是同性还是异性,此刻他们都不适合有性伴侣。等到未来有了性伴侣,他/她就可以明确自己的性取向,可能会变化,也可能没有变化,都不要紧。有什么样的性取向是个人的自由,不需要产生道德压力,只是在初中阶段应集中注意力处理学业问题。我发现跟孩子这样讲过之后孩子反而非常淡定地说他不是同性恋;跟异性走得近吧,你们说我早恋,跟同性相处

吧,你们会放松对我的监控。我们之间只不过是好朋友而已。一场虚惊!

八年级 学生家长

爱情观糅在絮叨中 刚开始知道孩子瘦了 10 斤的原因时,我很气愤,很想找那个男孩子揍他一顿,但是想想这样不能解决问题,听了各位老师和专家的讲解后回去查了很多资料,找一个机会跟孩子长谈了一次。我告诉孩子,从电影、电视、小说、故事、街头巷尾所耳闻目睹的谈情说爱的镜头,只不过是一些零碎的、片面的乃至是错误的东西,这些并不是爱情,充其量只是爱情的"表象"而已,不应该盲目地去模仿。真正的爱情需要较为稳定的个性、一定的智力和品德发展水平做基础。一时的感情冲动不是爱情,男女同学之间的互相关心也不是爱情。宝贝有爱的权利,但早恋缺少爱情的基础,你们在父母的羽翼下衣食不愁,不用考虑生活的风风雨雨,生活无忧无虑,只管坐享爱情的甜甜蜜蜜,这种感情虽然美好,但肯定不能长久,将来生活独立了,不再依赖父母了,那时的择偶标准就会发生变化。因此,中学生的恋爱最终大都难逃失恋的结局。也就是说,在自己没有真正的独立之前,尚无能力处理好恋爱问题。一个人在连自己的生存都不能负责的情况下,又怎么能对自己的前途、对关系自己一生幸福的恋爱负责呢?做好眼前事,自己优秀了会碰到很多更优秀的人。这次谈话后孩子给我写了一封信,说自己会调整情绪,好好学习。看到"调整情绪,好好学习"这 8 个字,我的眼泪都流出来了。"家长咖啡厅"的活动让我遇事能打开思路,换个角度寻找解决问题的方法。希望孩子能在我的絮叨、叮咛中感受到浓浓的爱,了解做人的规则,为孩子的世界观、人生观、价值观打好底色。

九年级 学生家长

换个方式好好说话 我是个急性子,在孩子的教育问题上容易着急发火。明明知道不能解决问题,但不知该怎么办。参加家长咖啡厅活动后,听了同伴、老师、专家的建议,知道了自己沟通上的不足,在班主任老师的帮助下,花了 7 天时间给叛逆的儿子写了一封信。

男子汉：

　　本来我准备称呼你"孩子"的，想了半天觉得称男子汉更妥帖，也许你听说过青春期这个词，在这里我要热烈祝贺你，祝贺年轻的生命即将翻开最美的一页，你将从这里开始成长，就像你期待的那样……我们那个年代，父母管教很严，孩子们的叛逆只藏在心里，不敢写在脸上的，因为孩子多，父母们没有太多的精力去关注每个孩子的内心感受，孩子们反叛一下，必定是一棒子被打趴下的。就我个人来说就没有青春期反叛记忆的，这该是个多么遗憾的事情。

　　什么是青春呢？如果你开始对最崇拜的父亲的言论表示怀疑；如果你不再追逐偶像的行踪，开始关注自己是谁；如果你不想被父母再称为孩子，你希望得到应有的尊重，决定自己管理自己；如果你觉得体内涌动着力量想去改变世界、造福世界的时候，这就是青春的感觉。这个时期有成长的喜悦，也有青青的酸涩，它很矛盾，是吗？这就是青春的味道。

　　这个时期你作为一个独立的生命个体，开始寻求自我实现，父母开始有些不适应了，十几年来早已习惯这个小生命在自己的眼前转来转去，对这莫名的反抗挣脱、振翅单飞感到手足无措，心中定有些担心和不舍的，生怕一松手你就会跌跤似的，虽然父母心里明白哪个孩子的成长不是从错误中开始呢！这个时候会出现一些问题，会有激烈的冲突。如果你有兴趣，可以把这个时期丰富细腻的内心感受做个简单的记录，如果没时间，就请父母帮忙记记，那是青春期的纪念，是我们走向成人的第一步。

　　与青春期的孩子交流成了父母的必修课，在这个实践课中，做父母的都是新手，我们需要互相适应，给父母一些时间好吗？你如果有什么想法就告诉父母，特别是内心的苦恼，学习上和生活上的都行。有的时候父母也许会表现出急躁，但只要你提出来，父母一定会改的，只是你得答应帮助父母好吗？不知你听过这句话没有，父母是和孩子一起成长的，父母不是圣人，他们也有很多不懂的，也会犯许多错误，在父母因为爱你犯了些小错误的时候，你能原谅他们吗？这个时候，你是不理他们还是耐心地指出他们的问题一起解决呢？我想答案一定是后者。

如果在学习上有什么疑惑,在学习方法上有什么不适应,是否可以找个你愿意交流的人聊聊? 别人的经验拿来用比自己去一步步探索简单得多。如果你愿意自己去摸索也很好,只是在这个过程中不要着急,要时刻提醒自己不断地努力。听过那句话吧,努力不一定会成功,可是不努力却永远也不会成功。其实每个父母对孩子最大的愿望就是希望他活得快乐,活得自由,成功不成功是次要的,最重要的是在这条成为男子汉的路上,一步一个脚印,明明白白地走下去,用自己的大脑思考,用自己的双手去拥抱自己的未来。

我也没有想到我的话能给孩子这么大的触动。孩子在父母的肺腑之言中感受到家长的耐心、付出、改变、期待,感受到自己身上沉甸甸的责任。我的孩子从初二的叛逆早恋变为初三的懂事奋进。这是我很欣慰的事情。

小贴士:

1. 家长跟孩子要坦言性取向。

2. 为孩子爱情观打好底色。

3. 用书信的方式跟孩子好好说话。

 **咖啡评论**

以爱赋能,让青春飞扬

爱因青春而美好,青春因爱而飞扬。爱有无数能量,它就像魔法一般,只要把握好正确的方向和尺度,青春期的恋爱就会成为我们人生中的"小美好"。

爱让信任蔓延

生而为人,我们最先学会的便是亲子之间的爱,也就是我们所说的"亲情"。逐渐长大后我们才慢慢接触了友情、爱情。爸妈妈和孩子之间在潜意识里便是相互信任的。爱,建立在信任的基础之上,反过来,爱也让信任的能量强大起来。

一旦出现类似"早恋"问题,身为家长切忌愤怒或慌乱,这时最需要放下高高在上的父母身份,而要沉静下来与孩子共情讨论,在表达相信孩子的判断和决定的基础之上,逐渐让信任蔓延,孩子才会更愿意与家长沟通。家庭教育呼唤身份对等的交谈,家长也可以举自己的例子,让孩子感受到家长的关心,使得原

本有些尴尬和晦涩的话题变得不那么棘手,就像与朋友吐露心声。因着这份信任,问题也就迎刃而解了。

爱让你我优秀

建立起信任关系之后,家长便可潜移默化地向孩子表达自己的态度,并暗中给孩子一些合理化的建议。其实只要不是盲目、肆意地爱,青春期所谓的"爱"是可以让孩子优秀和成长的。

现代家庭教育应培养孩子远大的抱负、博大的胸襟、开阔的眼界,一个人只有提升"大我",才会跳出"小我",才会融入这个火热的时代,才会知道"青春是拿来奋斗的",感受到家庭、国家、社会的召唤,自然不会沉溺于"早恋""同性恋"等问题。奋斗而来的青春便会让你我都更加优秀。生命就像一块田地,如果不长庄稼,就会长杂草,这庄稼就是美德、智慧和一切向上的力量。我们想让生命真正发挥作用,就要种上有意义的植物,占据有限的土地、阳光和营养,让杂草没有生长的空间。

爱让青春飞扬

习总书记说过:"青年的人生之路很长,前进途中,有平川也有高山,有缓流也有险滩,有丽日也有风雨,有喜悦也有哀伤。心中有阳光,脚下有力量,为了理想能坚持、不懈怠,才能创造无愧于时代的人生。"

也许恋爱是处于青春期的孩子们的必经之路,或顺畅,或坎坷。身为父母,让我们成为孩子成长路上的助推器;身为孩子,让我们做好自我约束,让我们以爱赋能,让信任蔓延,让你我更加优秀,让爱打磨出属于孩子的奋进的"青春岁月",让青春飞扬!

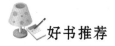

好书推荐

《好妈妈说给青春期女儿的悄悄话》

推荐理由：本书结合了千万个妈妈的育女经验，专门针对青春期女孩的生理发育、性格形成以及心理变化，进行了深入浅出的科学解释。在卫生护理、健康饮食、着装打扮、举止礼仪、安全教育、情商教育和体育锻炼等方面给出了具体翔实的建议。全书以妈妈的口吻，教会女儿如何应对青春期出现的问题，帮助她树立自信心，展现魅力，勇敢面对人生的重要里程——青春期。

《和儿子说的知心话》

推荐理由：本书中有对青春期男孩的身体变化、心理变化、情感变化、交际技巧、学习技巧等方面的坦诚剖析，也有对青春期男孩的迷惘、困惑、烦恼等方面的深入探讨。让男孩子在青春期时不再孤独迷茫，迎来美好明天！

《我的青春期没烦恼（男生版）》

推荐理由：这本书以文字和图画相结合的形式，针对青春期男孩从生理和心理两方面，详细地讲解了有关性别的知识。如何理解青春期？青春期什么时候开始，要经历几个发展阶段？青春期为什么会开始？当然还有关于身体发育和生理变化的一些知识和说明。了解这些知识，有助于男孩们顺利完成从男孩到男人的转变，更自然地从小男孩成长为一个成熟的男人。同时，这本书中，也对女孩们青春期的生理变化做了说明，并提到了有关新生命形成的知识。了解了这些知识，男孩们可以更好地在人生中扮演儿子、男朋友、丈夫、爸爸等角色。

《我的青春期没烦恼(女生版)》

推荐理由:本书以文字和图画相结合的形式,针对青春期女孩从生理和心理两方面详细地讲解了有关性别的知识。除了介绍青春期身体的发育,书中还涉及大量青春期心理发育会面对的问题,比如:同龄人压力、体型偏见、网络暴力、抑郁症以及如过山车般有起有伏的情绪⋯⋯生理和心理上的快速变化,还有周围一切的变化,让你感觉仿佛踏入了一个全新的世界。别害怕,青春期没什么大不了,打开这本书,你会更加了解你自己,从容度过青春期。这本书中的很多案例源自生活中的真实事件,在这本书中,你会一一找到这些问题的解决办法,轻松愉悦地度过你的青春期。

《藏在书包里的玫瑰》

推荐理由:青春期的男孩女孩叛逆、难以沟通和以自我为中心,让许多父母头疼不已。但父母不知道的是,青春期孩子之所以如此,是因为他们已经迈入了成长期,这些行为是青春期孩子的自然表现,但如果不能给予正确疏导,可能就会事与愿违。本书用温暖的笔触,通过"心理""生理""学习""交往""生活"五个部分为青春期的男孩女孩答疑解惑,内容丰富,值得一读,堪称 12~18 岁男孩女孩的良师益友。

走心，从暖胃开始

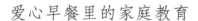

爱心早餐里的家庭教育

 咖啡热搜

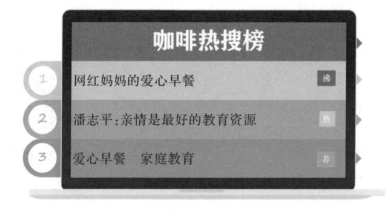

咖啡热搜榜	
1 网红妈妈的爱心早餐	沸
2 潘志平:亲情是最好的教育资源	热
3 爱心早餐　家庭教育	荐

　　起床后磨磨蹭蹭不肯吃早餐,揉着眼睛坐到餐桌边看一眼早餐开始抱怨,"今天怎么又是吃面条啊",最后胡乱吃两口拿上牛奶匆匆去上学……每天早晨,结束了"起床大作战",等待家长和孩子之间的也许还有一场"早餐大作战",开始时耐心诱哄劝导,渐渐火冒三丈,后来鸡飞狗跳,家长在清晨窝着一团火匆匆上班,孩子更是含着委屈郁闷来到学校。

　　"母亲总用食物,给孩子留下最好的味道。"《舌尖上的味道》用这样一句话诠释了母亲在孩子印象中与食物的亲密关系。也许在成年人的回忆里,还留有学生时代,在父母催促中睁开惺忪的睡眼,嗅到的食物蒸腾的香气。浓浓的小米粥,葱香扑鼻的热汤面,甜甜的一碗水蒸蛋……伴随着意识清醒的,是从早餐就开始的父母对孩子细致的关心。

今天，原本揉着睡眼坐在餐桌边等早餐的孩子，成了围着围裙在清晨厨房里忙碌的父母。慈母手中线，游子身上衣，一针一线皆慈爱；一尺三寸婴，十又八载功，一哺一饭总关情。家庭教育其实就是我们将爱的沟通，包裹在生活的点点滴滴中，传递给我们的孩子：可以是一份充满爱意的早餐制作，可以是十分钟用餐的共处，也可以是一起合作的餐后收纳……

本期咖啡热搜话题是让我们从爱心早餐出发，共同聊一聊饮食里的脉脉亲情。

咖啡广场

如何给孩子准备早餐？谁给孩子准备早餐？早餐家里都吃些什么？孩子喜欢吃自己做的早餐吗？从准备早餐到享用早餐，家长们碰到了哪些困难？下面就让我们一起来看一看，家里的厨房和早餐桌都发生着什么样的故事。

◎学生采访

小云　女生　小学五年级

早餐大当家　我们家的早餐和其他同学家的不一样，其他同学家都是爸爸妈妈、爷爷奶奶、外公外婆给准备的，我们家，我才是早餐的当家！我很早就开始跟着妈妈学做饭了，爸爸说我是这个家里很重要的一分子，每个人都要为家里做出贡献，而且因为我手艺好，同学们可喜欢我带来的那些吃的呢！我的拿手好菜是番茄炒蛋，老师你千万别小看这个番茄炒蛋，要炒得好吃里面还是有很多诀窍的，一般人我还真不告诉。下馄饨、水饺、汤圆之类的更加不在话下，煎饼我也会一点儿。刚开始早餐是我负责去楼下的铺子里面买的，后来我看了一些新闻，知道有些小摊上用的油不健康，我就跟爸爸妈妈说早餐我来做了。周末爸爸妈妈休息的时候，会和我一起做一些难度比较高的早餐，比如说意大利面、通心粉之类的。

小超　男生　小学五年级

特殊习惯者　我们家好像都没有吃早饭的习惯，所以我也不怎么吃早饭，或者说我吃的可能算不上是早餐。我发现自己跟其他同学作息不太一样,我前一天吃完晚饭通常就困得不行,要睡觉了,然后一般睡到早上三四点起床,这个时候如果我饿的话,我会吃一点儿东西,但通常晚饭吃得比较饱的话,也不会太饿。然后我就开始写作业,等到所有的读背写作业完成,差不多五六点,还要完成一天的运动作业半小时,就差不多到我要出门的时间了。我们家住得比较远,所以姥爷早上会过来陪我一起坐公交,送我去上学,他通常会给我准备点面包、蛋糕之类的小点心,不过我那会儿基本是吃不下的。姥爷经常会跟我唠叨,说不吃早饭会得胃病,但是我看自己好像还好。

馨馨　女生　初中二年级

社交小达人　我从上初中开始就自己买早餐啦,爸爸妈妈跟我的作息时间也不太一样,基本都会在周末的时候给我一周的零用钱,里面包含买早饭的钱,然后让我自己解决。我一般都选择学校附近的便利店,因为在这里总能遇到几个同学,我们会各自买一些饭团、包子、丸子、豆浆之类的,然后围坐在一起分享。我觉得和同学一起吃早饭也是种不错的体验吧,因为午饭通常是在自己座位上吃的,没办法边吃边聊,但是早餐就可以围坐在一起了。而且便利店里会碰到别班的同学,也能多认识几个朋友,有时候还能多掌握一些消息。多数时候买早餐还能剩下一些钱,我就在放学之后用,我们两三个一起回家的同学总会在路上买点吃的,有时候也会互相请一下客。

小肖　男生　初中三年级

运动营养学　我从小学开始就成了体训队队员,因为我们教练基本上都给安排了早训,所以每天早饭都不是在家里吃的。但是我的早饭是爸爸妈妈准备的,我们的教练非常细心,每周都会给我们一份参考菜单,会根据我们的训练情况和生长发育情况进行调整,爸爸妈妈就根据教练的参考菜单给我准备早饭。所以我的早饭还是很丰富的,比如牛奶、各种肉类、蔬菜、水果等等。因为我的运动量比较大,所以我比同学吃肉吃得多,但是一点儿都不用担心长胖。偶尔我也会跟爸爸妈妈说不用给我准备早饭,因为我们几个同学训练完以后会一起去早餐铺子找吃的。不过那个配比肯定没有爸爸妈妈按照教练的食谱准备的早饭那么科学啦,但偶尔吃吃还是没问题的。

琳琳　女生　高中一年级

住校生早餐　我这个学期开始住校生活了，早餐都是在学校食堂吃的，刚开始还感觉挺新鲜的，毕竟离开家有点独立生活的感觉了，而且学校食堂的早餐花色还是比较多样的，每天排列组合一下，一两周不重复还是完全做得到的。但是新鲜感过去了，好像有点想念家里的早餐，除了包子、馒头之类的传统中式早餐，妈妈还会做一些西式的自制酸奶、杯子蛋糕、可丽饼什么的，每天早餐都有种猜谜的感觉，猜中了会因为妈妈知道我想吃什么而感到很有默契，没猜中也会有超出意外的惊喜。现在的弥补方案是，周末回家的时候多吃一点儿！想来能够每天吃到妈妈做的早餐，真的是一件很幸福的事情！不过，想想后面还有两年半高中、至少四年大学，我也得早点适应这个节奏吧。

◎家长采访

初中二年级　小雨妈妈

匆忙上班族　作为单亲妈妈，我经常感到时间不够用，有时候真的恨

参与第五期家长咖啡厅活动"爱心早餐与家庭教育"的所有嘉宾和家长

不得自己长出三头六臂。孩子小一点儿的时候，经常靠家里亲戚帮忙，现在初中了，我也觉得总麻烦她阿姨、舅舅很不好意思。但是我自己真的很忙，每天早晨5点就要出门开店，下午如果能抽个空就回来给女儿做一点儿简单的晚饭，如果不能就只能给她钱让她叫外卖，回家基本上都要10点左右了。我们家的早饭，或者说不只是早饭，放假的时候可能是三餐，只能选择把钱给孩子，让她自己填饱肚子。但听老师说，她时不时就会不吃早饭，这个学期还犯了几次胃病，都是班主任打电话给我让带孩子去看医生的，我担心她是不是上了初中要减肥怕胖才不吃早饭，问她她也不说，我又没法盯住她吃早饭，有时候早上打电话回去提醒她，她就跟我嗯嗯啊啊，也不知道到底吃没吃。

初中一年级　小雯爸爸

起床失败族　我们家有两个娃，姐姐初中，弟弟小学，我跟他们妈妈算是分工合作，早上都是归我管的，包括早饭和送学校，晚上归他们妈妈管。在这里我也要检讨一下我自己，我经常早上不能按点起来，两个小家伙也跟我一样。我们每天早上就跟打仗似的。小学上学晚一点儿，我通常把姐姐送进学校，再带弟弟去早餐铺子坐下来吃一顿（他俩学校距离很近），姐姐上初中之后就经常不能坐下来一起吃一顿早饭了。大多数时候我只能买点面包、牛奶准备着，第二天在路上的时候让姐姐先吃，吃不完的就让她当点心放在书包里，可经常发现剩下的点心又被带回来，说是没时间吃。

小学三年级　小源妈妈

厨房小白丁　我们夫妻两个对厨艺是一窍不通的。之前奶奶和我们同住，一日三餐都是老人在操持。今年下半年，奶奶回老家了。刚开始下馆子、叫外卖，后来考虑到小孩子吃多了不健康，我们被迫逼上梁山去研究厨艺。但是他爸爸做饭简直就是场灾难，我还勉勉强强可以算是把食物煮熟的那种。现在我们家早饭基本就是速冻食品轮番凑合。但是我看小家伙最近吃得越来越少了，我心里也挺内疚的，我该怎么"转型"？

小学六年级　小康爸爸

初级膳食家　我之前跟其他人一起合作开过火锅店，所以我们家三餐都是我包了的。我们家早饭是按人头分餐的，我会大概准备饮品、主食、水果这样三大类，然后内容搭配每天会换一换，我自己觉得小朋友应该还挺喜欢我的手艺的，每次基本上都能吃完，有时候也会跟我指定第二天的菜色。孩子马上要到青春期了，饮食越加需要营养搭配，所以我很想来这里跟老师们和各位爸爸妈妈一起探讨一下，怎么给孩子做一顿又可口又营养的早餐，或者我是不是有必要去学一个营养师之类的，不知道大家有什么建议。

初中一年级　小美妈妈

价值追求者　我跟小康爸爸一样，每天都是提早一个小时起床换着花样给孩子准备早饭。小学六年孩子每天都是在家吃完出门的。但是这个学期上了初一，情况有变了，开始嫌弃我的早饭了，自己在路上买点糕饼解决。每次看到给她准备的早饭纹丝不动，仍放在桌上，我自己都没心情吃了，想想还不如多睡一个小时。

直播间圆桌吐槽大会后，咖啡记者将家长们和孩子们的问题进行了梳理。

孩子们的反馈体现为三类：第一，习惯养成。生活规律存在多种影响因素，如自身生物节律、学校作息标准、原有养成的习惯等。要保持良好的早餐习惯，规律的生活十分重要，但真正实施起来需要一些技巧和毅力。第二，需求满足。长大的同时越来越看重同伴评价，是孩子们在早餐表述中透露出的社交需求，想要让孩子欢

潘志平校长与"家长咖啡厅"发起人和组织者下城区教师教育学院唐西胜院长、沈洪副院长交流

欢喜喜留在家里一起吃早饭,仅仅用美食留住胃已然不是唯一有效的办法。第三,价值追求。家庭也是一个小集体,为孩子在这个集体中留下一个位置,相比让孩子只享受得到照顾,让孩子参与也许是培养责任担当的更好方式。

家长们的问题总体为三类:第一,时间规划问题。无论是因早起困难,还是因其他事情导致缺乏时间无法准备,都别忘了"时间就像海绵",有时候我们只是忽略了放置在别处的空余时间。第二,精益求精问题。在吃饱的基础上,怎样吃出健康、吃出营养、吃出审美、吃出情趣、吃出爱的传递,相信家长们希望得到有操作性的指导。第三,心理需求问题。我付出的爱和努力希望孩子也能够看到,如果能够获得回馈那自然是再美不过的事情,然而为什么孩子并没有按照自己的预设来呢? 满满的失落和沮丧又该如何调整?

让我们一起期待咖啡广场的智慧分享!

 **咖啡锦囊**

◎家长互助

在家长互助分享前,本期咖啡观察员请来了91位场外援助,其中32位是初中生,59位是小学生,他们对自己的早餐进行了匿名点评。究竟在孩子们的眼里,自己的早餐桌有什么特色、亮点? 收获过什么又付出过什么? 体验到哪些又铭记着哪些呢?

早餐高频种类

小学(出现频次由高到低):面包/蛋糕、面条、牛奶/酸奶、包子/馒头、鸡蛋。

初中(出现频次由高到低):面条、包子/馒头、粥、豆浆/豆奶、煎饼。

早餐变化情况

小学(出现频次由高到低):个别品种变化、每天不一样、每周循环、做法不同、隔天变化。

初中(出现频次由高到低):两三天变化一次、一周轮换。

早餐简单点评

小学（出现频次由高到低）：美味/好吃/可口、丰富、营养、健康、便捷。

初中（出现频次由高到低）：简单、速冻、丰盛、自己买。

早餐制作参与

小学：40.7％的小学生本学期参与过早餐制作，一般是煎蛋、包饺子、煮面条和三明治制作。

初中：34.4％的初中生本学期参与过早餐制作，一般是炒饭、煎蛋、热牛奶。

早餐就餐位置

小学：78.0％在家、13.6％在上学路上、5.1％在早餐店（2人不吃早餐）。

初中：40.6％在家、15.6％在上学路上、34.4％在早餐店（3人不吃早餐）。

早餐掌勺人

小学：爸爸20.3％、妈妈47.5％、祖辈23.7％、自己5.1％（2人不吃早餐）。

初中：爸爸9.4％、妈妈56.2％、祖辈15.6％、自己9.4％（3人不吃早餐）。

爱心早餐，想要关照的是孩子的需求，然而有时候，我们往往高举"为你好"的大旗，忽视了孩子的真实需要。在场家长看了场外援助调查分析后，进行了激烈的讨论，最后聚焦到"改变"。

初中二年级　小丽妈妈

沟通：事先商定内容

每个个体都是独特的存在，我们不能拿自己的喜好来衡量孩子，也不该单单为了方便快捷，忽视孩子的内心需求。抛开学习、成绩、名次、分数，我们还需要更贴近孩子，找到孩子愿意参与的话题，"早餐吃什么"也许是一个非常棒的沟通切入点，在探讨中多提一些开放式的问题，也许不仅能探知孩子的真实感受，还能获得他们的社交情况。

小学四年级　小涛妈妈

计划：互相监督执行

和孩子共同制订一个关于早餐的计划，这不仅可以享受一段美好的亲子时光，还能以互相监督的名义提醒自己以身作则，同时培养孩子的责任心。采购计划制订完成后，也许可以带上孩子一起去一趟超市；制作计划制订完成后，也许可以找到空余时间或者提醒自己和孩子按时早起；点评计划制定完成后，也许可以就此锻炼和提升一下孩子的表达能力。

> **小贴士**：
>
> 　　制定计划清单，提升参与互动
>
> 　　推荐操作：采购一起来——挠破头皮也想不出早餐新花样？我买的孩子总也不喜欢吃？不如和孩子一起列采购清单，来一次亲子超市行，听说记账还能学习数学！

小学五年级　小行妈妈

技能：学习共同成长

从看到油锅就要逃避、拿起菜刀必然切到手指到炸出金黄蓬松的油条、切出造型可爱的胡萝卜，家务劳动学习的过程，也是基本生存技能成长的过程，在这个过程中，我们自身也在学习和进步。谁都不是天生的父母，作为孩子的第一任教师，我们关心他们的冷暖、安全、健康，也有责任教会他们基本的生活技能，更应该蹲下身来学会和他们共同成长。

◎**导师慧语**

陈莹，工作于下城区教师教育学院，高级教师。坚持做爱心创意早餐已有七年半。目前孩子读初二。参加过浙江少儿频道《妈妈的味道》和《辣妈战记》的拍摄。《明珠新闻》也曾报道过她的爱心早餐。《杭州日报》《都市快报》《城报》及搜狐视频、腾讯视频、浙报全媒体等媒体也有过报道。

给孩子做一顿早餐，听起来不难，但每天做不一样的早餐，一做近八年，就不能不令人叹服了。这些颜值高又营养丰富的早餐，都出自下城区教师教育学院办公室主任陈莹之手。本期她和家长们分享自己准备早餐的点滴，以及持之以恒用心做早餐的意义。

理念篇：创作爱心早餐，传递生活态度

在每个上学日的早晨，为孩子做一份富有创意的、充满爱意的百变早餐，至今已经是第八个年头了。与其说是在做早餐，不如说是在坚持，坚持一种生活态度，坚持一种教育理念。"在孩子成长的道路上让美食伴随其左右、愿爱心常驻其身边"，心中一直有这样的理念，促使我不断用爱设计、用心制作……从西式糕点到中式菜肴，总是想尽办法诱惑她的味蕾；从食材选择到营养搭配，总是竭尽所能满足她的生长。每一样努力后的作品都是为了向孩子传递一种生活态度：生活的美好，需要发现她的眼睛和心情，需要创造她的双手和智慧。其实这也是我家庭教育的一部分，也是另一种形式的陪伴。

制作篇：用爱丰富早餐，用心陪伴成长

阶段1：爱心——卡通造型添趣味，爱心早餐吃起来

一开始只是为了解决孩子不爱吃早餐的问题，所以初期的创意早餐多以卡通造型为主：凯蒂猫、米菲兔、轻松熊、小黄人、大白等等，孩子喜欢的卡通造型都上过我们的早餐桌。

阶段2：用心——营养均衡颜值高，健康美味吃出来

做着做着，我发现不光要造型上吸引人，营养的搭配也很重要。所以随着孩子年龄的增长，早餐慢慢从卡通路线走向了更多元化，更注重食材的选取和营养的搭配了，当然造型上的精致和美观仍然是我所追求的。

阶段3：同心——共同创意和制作，妈妈宝贝一起来

这件事一直坚持做下来了，并不是单纯地为了解决孩子不爱吃早餐的问题，而是我发现，这其实是个很好的教育载体，那就是"食育"，用食物来渗透家庭教育。所以现在更多的时候，早餐是由我和孩子共同来创意，共同来制作完成的。我们常常会在前一天晚上讨论第二天的早餐，在讨

论的过程中孩子往往会带给我们一些新的思路、新的灵感。例如有一次乳酪小火锅的创意就来自孩子。我们也经常会一起看些这方面的书籍或上网查询资料。让孩子参与到早餐制作的过程中来,我不认为这是在浪费时间,其实在这个过程中也是很有收获的。例如对一些常见食物的营养价值和烹饪方法能有一定的了解;对审美情趣的提升,动手实践能力的增强也都是有帮助的。而且这也是一个很好的亲子互动、亲子陪伴的过程。我很欣赏陶行知先生提出的"生活即教育"的教育理念,我就是希望她能在生活中学习,在生活中获取新知识。

互动制作案例:

菠菜蛋饼芝心卷 & 芦笋肉末粥 & 烤大虾

如果一日的生活就是一本书,早餐就是那个亮眼的封面,吸引孩子开启一整天美好的生活。怎样让孩子怀着好奇、怀着欣喜打开那本书,感受着温暖、美好,带上这本书出发去上学?本期导师——网红妈妈陈莹,给我们带来一例亲子互动早餐的制作全过程。

步骤1:妈妈宝贝一起想

妈妈:明天想做个有颜色的蛋饼,但又不想用色素染色,我来考考你,你知道有哪些食物可以做天然的染色剂啊?

宝贝:我知道,红心火龙果啊,我看见你以前用过,染出的粉红很好看的呀!

妈妈:嗯,它确实是个不错的染色剂啊,可是春天来了我想染个绿色的……

宝贝:抹茶粉抹茶粉,它是绿色的。不过我不太喜欢吃抹茶(瘪嘴)……其他还有什么绿色呢?(思考了一会儿)绿色蔬菜……

妈妈:嗯嗯,绿色蔬菜不错,可以用哪种呢?

宝贝:别急,我去查查看……

菠菜洗净、切碎，放入料理机加少量水，打汁

面粉加入打散的鸡蛋中　　　　　　　加少量奶油

 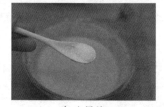

加菠菜汁　　　　　　　　　　　加少量盐

搅拌成均匀无颗粒的绿色面糊，加保鲜膜，放入冰箱存放。

步骤 2:妈妈宝贝一起做

前一天晚上的分工：

妈妈：

◇　淘米,煮粥,用焖烧杯焖一晚上；

◇　将菠菜、芦笋等洗净、切段备用；

◇　准备菠菜汁；

◇　制作菠菜面糊。

宝贝：

◇　打鸡蛋；

◇　串大虾。

第二天的制作：

◇　制作菠菜蛋饼芝心卷；

❖ 制作芦笋肉末粥；

❖ 烤大虾。

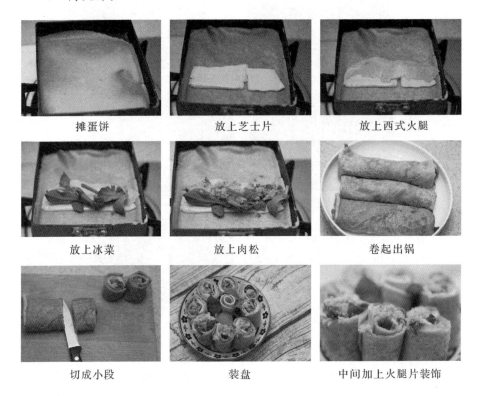

摊蛋饼   放上芝士片   放上西式火腿

放上冰菜   放上肉松   卷起出锅

切成小段   装盘   中间加上火腿片装饰

步骤 3：妈妈宝贝谈收获

宝贝：妈妈，我知道了原来有些蔬菜的汁是可以用来做天然的染色剂的啊，好神奇哟！

妈妈：是的啊，用天然染色剂染出的食物，既美观又安全，以后我们还可以经常用一些天然的染色剂来做出更多美味的食物哦！

知识篇：早餐营养搭配，健康生活每天

好的早餐应该是：主食为主，副食次之，有干有稀。

重点 1：要有一些谷类食物

如馒头、包子、烤饼、面包、蛋糕、面条、饼干、粥等宝宝营养食谱，而且要各种谷类食物搭配，粗细搭配。谷类食物可分解成葡萄糖，它是脑组织中的主要供能物质。

陈莹老师在家长咖啡厅现场,向家长们分享自己坚持行动八年的爱心早餐心路历程

重点2:要有一定量蛋白质供给

如蛋、奶、豆类食物都含有丰富的蛋白质。每天早餐都要让孩子保证摄入250毫升牛奶或豆浆,一个鸡蛋或几片猪、牛、鸡肉,保证供给孩子生长发育所需的蛋白质。

重点3:供给一定量的蔬菜

如凉拌莴笋、白菜、黄瓜、萝卜、西红柿等蔬菜,豆腐、豆干、豆皮等豆制品或凉拌海带等海产品,以提供其他营养素和矿物质及增加食欲,保证早餐食入量。

重点4:要有一定的植物油

别忘了在凉拌菜中放几滴植物油,脂肪可为孩子提供所需的热量,又能增加菜的色、香、味,促进食欲。

解惑篇:你的早餐苦恼,只有我最懂

问题1:时间、时间,真的可以靠挤吗?

每天一早出门去上班,哪有时间搞这些啊?其实时间真的是可以挤的,合理安排好,完全可以在30~40分钟内完成的。当然必须前一天晚上先做好一些基础工作。

问题2:创意、创意,脑洞不够大怎么办?

创意当然不会从天上掉下来的,这还是需要多看多学多思考多积累。我们可以借助互联网去搜索、寻找相关的资料来学习。大家也可以加入一些做美食的群一起来互动、分享,我们一起做,大家一起来创意,一群人的脑洞一定比一个人的脑洞大。

问题3:手艺、手艺,啥都不会该咋办?

相信任何一个米其林大厨都是从厨房小白开始的,不要气馁。"失败是成功之母",我们常用这句话教育我们的孩子,它同样也适合我们自身。多多练习,你也一定能做出这世上独一无二的美味早餐。

小贴士:

提升自身能力,传递生活态度

推荐操作:学习我先行——看网红妈妈们的早餐作品,总觉得一看就会,一做就废怎么办?千里之行始于足下,你的坚持会成为孩子最好的榜样!请参考一下推荐书单(见"好书推荐"),从一杯果汁的营养配比开始实践吧。

◎**大咖支着**

潘志平,正高级教师,浙江省特级教师,教育部中小学名校长领航班导师,浙江大学硕士研究生导师,浙江家长学校常驻专家。杭州市首届十佳校长,浙江省家庭教育先进个人,浙江省师德楷模,全国师德先进个人。从教38年,任校长25年,以"做学生喜欢的好老师"为追求,主张"做有亲情的好教育"。专著《一位智慧校长给家长的50封亲笔信》入选2018年度全国家庭教育影响力图书TOP榜,多篇论文在《人民教育》《中小学管理》等核心期刊发表。

　　"你做得没错。"潘志平校长在回答陈莹老师的纠结"女儿成绩中等，不上培训班，还经常和她一起做手工，这样对不对？"这个问题时，给她吃了一颗定心丸。在潘志平校长看来，所有教育资源当中，亲情是最有效的，在本期家长咖啡厅，潘校长和大家分享起了流淌在一饮一食中的脉脉亲情。

潘志平校长向家长们分享自己用一饮一食传递温暖的教育理念

有情篇：管心先管胃

　　我们说管孩子要管心，我的理解管心要从人的基本生理需求出发，那就是要先管胃，现在不愁吃，但是吃什么，特别到学校里面能不能让孩子吃得稍微满意一点儿，这是我现在工作当中至少四分之一时间要考虑的。不是抓分数抓前三所前八所，我觉得胃管好了，心就静得下来。

　　去年教师节初一(6)班的张二田送给我的一个小礼物，现在每天放在我的办公桌上，我看得很开心。在上面可以看到，我是一个大厨，拿着铁锹，拿着饭勺，戴着厨师帽。在孩子们心目当中，在公益人心目当中，我还是一个厨师。每个星期四上午英语课上完了以后是11:10，我一定准时出现在厨房里面，烧九大桶羹，我们昌化人称这种羹"白白趟"，普通话里面没有这个词，所以我们公益人就给它取了一个名字叫"阿潘羹"。每次，往往羹一出来就一抢而空。有时,到晚的孩子分不到羹,会给我写信:"阿潘你要多烧一点儿,不然我们后到的人就尝不到这样温暖的一份羹啦。"

"阿潘羹"是小时候妈妈烧给我的一个菜。现在让我能够每星期四为全校一千三四百位老师和学生服务一次的,被称为"温暖着整个公益大家庭的羹",是从我妈妈那里学到的一点点小小的手艺。我从小就生活在这样一个家庭当中,在亲情中浸润、成长。我觉得家人的温暖慢慢地也传递到我女儿身上,传递到我周边的孩子身上。从小种下的这颗亲情的种子,它是可以不断传递的。对于刚才陈老师"该让女儿上培训班还是继续一起做手工"的困惑,在我看来,孩子长大以后,很难记住妈妈为自己解的一道难题,但妈妈做的菜的味道,孩子一定会记住一辈子,将来这还可能影响到她对自己孩子的做法,她可能也会成为一位每天用心做饭的妈妈。这种母爱的味道,一定会一代一代传下去的。我建议,除了妈妈做给女儿吃,还希望女儿和妈妈一起做,之后是女儿做给妈妈吃。爱是相互的、流动的、有传承的,并非只是家长单方面的付出,这也许就是爱心早餐真正的意义。

抽中签的学生、家长和教师代表将为全校师生选出未来半年的餐食

公益中学 2019 年食堂菜品品鉴会中出现的菜色

有趣篇：选择显尊重

我们都说管心很难，难在哪儿？难在沟通。沟通是我们孩子进入初中后，家长普遍所焦虑的问题，有时甚至会感到无奈，比如前面不知道为何孩子突然不喜欢吃自己做的早餐的那位妈妈。我们对孩子有丰沛的情感，但也要从孩子的角度出发，不能只看到自己单方面的付出，要把选择权给予孩子。在这个过程当中，我觉得是满足了孩子们的一个最大的心理需求，那就是尊重。让孩子们有选择的权利，就是在尊重他们，在尊重的同时提高他们的责任心。

公益中学从 2012 年开始每年举办食堂菜品品鉴会活动，到现在已经是第七个年头了。我在 5 个学校当过校长，因为众口难调，食堂饭是最难烧的，食堂要办好，真的比抓成绩要难得多。那么吃什么？谁说了算？嘴巴是长在孩子们、老师们身上的，孩子回去会跟家长讲，所以我们应该听听孩子们和家长们的意见。所以每年我们要开品菜会，先请孩子们、家长们推荐几百种菜，学校选 100 多种，烧出来请评委吃完打钩。吃货评委们是通过公益大舞台的抽奖活动选出来的幸运儿，有老师，有家长，也有学生，邀请他们一起来品尝公益大饭店的各色菜品。大家最喜欢的菜，接下来半年多烧，

美味的食物为学生们带来了好心情？

最不喜欢的那些菜坚决不再出现。

常听家长说"我孩子不听话"。我要说:"不是孩子不听话,很多时候是家长没有好好听孩子说话。"那么如何进行有效的沟通?我的理解在于你用什么样的方法去表达。我们经常会说要告诉孩子一些道理,学习一些沟通方法,通过讲故事或者讲一些与孩子紧密相关的事情,用具体化的方式来告诉他怎么做。但是实际上孩子们最讨厌的就是婆婆妈妈,唠唠叨叨。我做过的民意调查当中,孩子们最怕爸爸妈妈说来说去就那句话,特别是我们的妈妈。所以这些年从自己带女儿开始,我找到了一个比较好的方法,就是与孩子用书面交流——给她写信。我与女儿写信一直写到她读大学,我现在与孩子们、家长们也常采用这样的方法。食堂饭菜就曾是我们沟通的重要内容,品菜会的模式最终是在与"学生校长们"的校长办公会中找到的方法。给孩子一份尊重,他还给我们的会远比我们想象的更多,所以我们在带孩子的过程当中,不要仅仅是我们自己说了算,要给他一个决定权、选择权,你会收到不一样的效果,这是我自己的深切体会。

小贴士:

给予选择权利,满足适恰需求

推荐操作:家庭品菜会——明明上周看娃挺爱吃,这周怎么碰都不碰,孩子的心思太难猜?与其让娃做填空题,不如让娃做选择题,来一次小型家庭品菜会吧,同时告诉孩子自己的选择要自己负责!

有效篇:陪伴共成长

好的孩子是靠亲情陪伴出来的,而且这种亲情的滋养是我们人这一辈子享用不尽的,它对孩子的影响远远超过分数。我们的家长、我们的老师,走心的一言一行,能够有助于孩子打开心扉。孩子的心扉一打开了,也就打开了我们家长的家庭快乐之窗。所以我们和孩子之间是互相成就的关系。比如前面陈莹老师所述,为了给孩子树立榜样,坚持早起8年准备早餐,在这个过程中相信她自己也收获了"毅力"这个美好的品格以及摄影构图的技能、搭配营养膳食的知识等等。陈老师将她的三阶段爱心早餐概括为"爱心""用心""同心"，我再加上一个关键词"走心"。

我在给家长们写信的时候，写过一封内容关于我女儿来到杭州的信，并且放在这 50 封亲笔信的第 1 篇。常有家长困惑，在自己的工作发展和孩子培养发生矛盾的时候做怎样的选择？我是选择后者的，因为我觉得培养孩子也是一种事业。女儿 2006 年选择公益中学以后，2007 年我就调到了公益中学。在她初二的那一年，她的成绩就比较稳定了，升高中的时候，她可以选择杭州的任何一所

为了女儿，我来到了杭州……

亲爱的家长：

您好！

给您写这封信，是想和您聊聊我"跟着女儿来杭州"的故事和体会。

要不是因为女儿，我现在一定还在临安工作。2007年9月，也就是她开始读初二的时候，我完成了从临安教育局办公室主任到杭州十三中教育集团公益中学校长角色的转变。

坦诚地说，完成这个转变的决定性因素是我想多多承担父亲角色的责任。因为就我个人来说，当了多年教师后，当时已在心理和能力上相对较小的局办公室主任岗位干了两年，何况我已过了不惑之年，又患有颈椎病，常现头晕症状，所以已绝打消了重追"责任大于天"的校长岗位的念头。

但是，2007年上半年，我越来越强烈地感觉到小学六年慢慢悠悠地走过，学习任务不重不轻，教学进度不紧不慢，自女儿选择到杭州上初中后，时间运转得非刻快！自己好像还在懵里懵懂中，女儿初中第一个学期就已经匆匆地过去了。而且，渐入青春期的她，每每遇到有点

潘志平校长亲笔信

学校，最后我跟她商量，我说我们还是到学军吧。在既可以选择杭二中，也可以选择学军的情况下，我觉得她的个性可能有点小孩，建议她还是去学军，因为如果去了杭二中，肯定得去住校了。我向她保证，高中三年如果去学军，我 7:10 前一定送她到学军中学门口，晚上 9:10 前在学军中学门口等她。说到做到，这样一次次接送就是三年。回家的路上，她会跟我聊一聊学校里发生的事情。到了家里，给她泡杯红茶或绿茶，做一个水果拼盘，然后一起吃水果，她继续看点书，我在另一边看点书、写点文章。现在想起来这个三年确实也是非常甜美的一段时光。

孩子在学校里一天到晚很辛苦，晚上跟老爸老妈聊聊天，这就是一种最好的放松和最好的倾诉，而且这种倾诉是其他人难以替代的。因

此,在我看来,这种"走心"的陪伴能够带给孩子的亲情体验是很有意义的。当然,我们在聊天时要注意符合孩子的口味,挑选孩子感兴趣的那些话题,抓住了吸引他们眼球的兴奋点、兴趣点,就能够打开他们的心扉,打开家庭的快乐之窗,从而赢得孩子的信任,成就流淌着亲情的幸福家庭。

咖啡续语

◎小试身手

通过家长咖啡厅的学习、分享、交流,家长们将自己收获的点点滴滴记录在心中,一起携手,共同守望幸福,守望成长。活动结束一个月后,咖啡记者和参与活动的家长们进行了电话交流、微信沟通,不少家长反馈了家中爱心早餐的近况。

小学一年级　小年妈妈

无心插柳培养的责任担当　非常有幸参加了爱心早餐这一期活动,受到了很大的启发。爱心早餐看似平凡的话题,包含了很多家庭教育的学问。教育子女不仅仅是语数外,不仅仅是诗词歌赋,更是平凡生活中、爱在细微处,慢慢地滋润,生根发芽。做下城学生的家长真的很幸福,我也努力学以致用,最近的周末我总会问一问孩子这一周他最喜欢的早餐是什么,然后在下一周的早餐菜单上保留他的最爱。最近他迷上了叉烧包,我们也保持着早餐桌上叉烧包出现的频率。尽管我和他爸爸已经有些吃厌了(偷笑),我发现他近两天也开始慢慢减退了热情,但是他仍然会把包子吃完,孩子说"这是我自己选的",我感到非常欣慰。好的家庭教育大概就会在这种细微处闪闪发光。

小学四年级　小毅妈妈

重拾错过的小美好　非常感谢家长咖啡厅活动的组织者和老师们为此付出的努力,当天的活动让我看到了身边有那么多优秀的爸爸妈妈,对我是一种很好的鞭策!我回家后趁着周末也和孩子开了一场小型的"品菜大会",儿子平时常常挑剔我们早餐不会给他变花样,还说羡慕哪个同学每天早上都有好看的爱心便当，我那天总算是在儿子面前扬眉吐气了一回。孩子一反常态说，菜的种类好多，而且都挺好吃的，都不知道该怎么挑了！有时也提供了些他爱吃的油炸类食品，但约法三章出现的频率不能太高。往常都是老人准备好早饭送孩子上学，我现在发现错过了许多孩子成长中的小美好。现在我和先生商量好，每周至少每人要轮值一天接送孩子，包括解决他的早餐。

幼儿园中班　小园爸爸

新技能 get 立下 flag　很高兴能够和你们分享我们家早餐桌上的改变，我和小园妈妈在结婚前都属于十指不沾阳春水的那种，是完完全全的厨房小白。活动那天听了陈老师的介绍，听到她结婚之前也不曾学习过厨艺，现在能做得这么娴熟，非常美慕！小园妈妈还默默关注了陈老师的微博，看到她天天放送的早餐日志，更佩服她数年如一日早起备餐的坚持。所以我和小园妈妈现在每周末都会向老人请教学习一个菜，先从稍微简单一点儿的炒菜和汤开始。最近早餐桌上，已经能看到我煎的鸡蛋和小园妈妈包的饺子了，现在时间还短，但是我相信如果我们保持这样的进度，一定会在孩子上小学的时候，也能让他一周或一个月享用不重复的早餐了！

初中三年级　小群妈妈

找准需求有收获　"这些菜都特别好吃，很入味，符合我们的口味。""每一口吃下去，都是满满家的味道。"这是我生日那天，大宝和二宝写给我的小卡片上的留言，我当时都哭了。我是个全职妈妈，双胞胎自从上了初中后，我发现她们开始不吃或是少吃我做的早饭了。我觉得好失败，全职妈妈连孩子的早餐都管不好。借着和她们制订早餐计划的机会，我终于探知到她们为什么不在家吃早饭，因为买好的早饭可以带到学校去和同学分享，这也是孩子们的一种社交方式。我一下子就释然了，原来不是我的手艺差了，而是她们有不一样的需要了。现在我有时会特意多做一些寿司或者一些小饼干、小蛋糕，让她们带去学校跟同学分享。方法用对了，我们的早餐又恢复成一天中的美好时光了！

◎小鬼当家

　　每天在家长的催促中睁开惺忪的睡眼，嗅着食物的香气慢慢清醒，一天的生活从浓浓的米粥、香气扑鼻的热汤面里开始了。其实，这些蕴含在食物中的脉脉温情，虽然朴素，但是孩子都铭记于心。对于"你有为家人准备早餐的经历吗？"这个问题，孩子们用实际行动给出了答案，实践的过程中，小男子汉们更有"须眉不让巾帼"的出色表现。一起来看看他们都承担了哪些环节，家人的反馈如何，他们又有什么收获或者体悟吧。

巾帼篇：特别的爱给特别的您

徐翛然　杭州市青蓝小学　505班

　　给米其林大厨的惊喜　我有一个"米其林大厨"爸爸。每天换着花样给我做早饭。春游的早上，爸爸四点半就起床为我做卤鸭，他做的卤鸭大家都说好吃。爸爸常常忙碌到深夜才回家，然而他却从未缺席我每一天的清晨。

　　我把黄瓜做成了旋转楼，旁边装饰了水果；用爱心模具在面包上印出了一个爱心，撒上爸爸最喜欢的可可粉；炒好的鸡蛋摆成爱心形。当我把这份充满了我的爱的早餐送到爸爸面前时，看着他大口地吃着，我心里满满的都是开心。

冯存滢　杭州市文龙巷小学403班

　　爱的第一步　一直以来都是爸爸妈妈为我打理生活烹饪美食，所以我暗暗地为自己制订了一个幸福计划，那就是为爸爸妈妈做一次早餐！然而刚上手，滚烫的油就溅到了我的手上，灼痛的感觉瞬间传到了整个手背，原来貌似简单的早餐竟也会伴随着这样的伤痛，心头涌上的是更多的感激和心疼！

　　爸爸开心地吃着我略带烧焦的早餐，而我的心也滴着甜甜的蜜。这是我献给爸爸妈妈的第一份早餐，也会是我报答他们爱的第一步！

　　童佳怡　杭州市大成实验学校　604 班

　　营养三明治　清晨起床时，早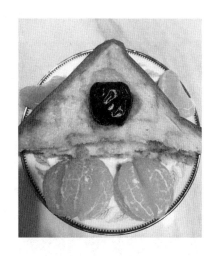餐的香气缓缓飘到我的鼻尖。一如既往的，妈妈做的早餐漂亮又有营养。每天我早早地起床看见妈妈在厨房忙碌的身影，身边溢满了经久不散的早餐香气，心中不由得泛起一阵心疼。今天，我要让妈妈享受一下吃早餐的美好时光。虽然没有妈妈做的丰盛，但是我的三明治充满了对您的爱，就像您爱我一样。妈妈，您觉得这份早餐好吃吗？

　　陈悦　中国教科院杭州胜蓝实验中学　702 班

　　从气疯到戚风　每天早上，当听到楼下的煎蛋声，我就知道该起床了。放假了，我也想为妈妈准备一次早饭。戚风又谐音为"气疯"，最近我老是把妈妈气疯，所以今天给妈妈做了一个戚风蛋糕，希望她吃掉戚风后的每一天都是开开心心的。制作的过程中，我也深深地体会到了妈妈每一天做早饭的辛苦。我会更懂事，珍惜妈妈无私的爱！

　　陈寓甜　杭州观成实验学校　701 班

　　草莓代表我的爱　时光荏苒，十二个春秋已经悄然而逝。我的母亲，也为我做了十二年的早餐了。如今随着我逐渐变得懂事，我也决定用一份"爱心早餐"来回报母亲的辛苦。

从包饺子、下锅煎到摆盘,我虽笨手笨脚,但却心存感恩。"母爱无所报,人生更何求",我已慢慢长大,我想妈妈慢慢变老,可以天天品尝我做的爱心早餐。

纪晓雨　杭州市青春中学　901班

特别的低卡早餐给爱着的你　妈妈平时总是说自己胖了,所以我想为妈妈做低卡路里的蔬菜水果沙拉和爱心煎饼。做好后我很有成就感。这是我第一次为妈妈做早餐,也是自己第一次做这样的爱心早餐,我希望妈妈能够喜欢。这份早餐中有我对妈妈说不出的爱,世界上最好的关系无疑是——你爱着我,刚好我也爱着你了。

邹雨涵　杭州市大成岳家湾实验学校　902班

包个饺子过团圆年　感谢妈妈一直给我做早饭,快要过年了想给她包个饺子,为了均衡营养所以又蒸了两个蛋。二者都有团团圆圆的寓意,希望她能在新的一年幸福美满。

须眉篇:不让巾帼各显神通

任于佑　观成实验学校小学部　304班

主要看"心意"　看到昨晚妈妈那么辛苦地熬夜改试卷,爸爸忙完后陪我和弟弟玩,我想给他们做一顿美味的早餐,谢谢他们为我们家庭的付出!我从冰箱里找出各种食材,又洗又切,忙活了半天,才根据回忆做出一顿不太成功的早餐。爸爸妈妈真是不容易啊,每天早晨变换花样给我做饭,今天就请尝尝我的心意吧,我爱你们!

王赫凡　杭州市春蕾中学　805 班

朴素小馄饨　为爸妈做一份早餐是一件一直在 to do list 上的事情，今天早餐换我为他们下一碗爱心馄饨！于是我开始认真地包起馄饨，一边包一边跟妈妈说，我要把自己对他们满满的感谢、满满的爱都包裹进这一只只小小的馄饨中，希望他们吃了后能充满力量战胜一切困难。

胡雨轩　杭州市春蕾中学　805 班

营养海鲜粥　今天早上，我给全家人做了一顿早餐：海鲜粥。在妈妈的陪同下，我们采购了所需要的食材。煲完粥后，我迫不及待地尝了一口。嗯！粥非常鲜香，汤汁十分香浓。有可能是因为这是我自己做的吧。向来不爱喝粥的我，居然喝了两碗。爸妈也连夸好吃！我想今后有时间的话，我会努力学做更多的美食给爸爸妈妈品尝！

王栩晟　杭州市春蕾中学　805 班

煎菜盒子了解一下　今天早上我给我妈妈做了一顿爱心早餐。经过这次难忘的经历，我明白了父母平常日子里为我们做饭时的辛勤。最后还是在妈妈的指导下我才勉强切出了刚合格的肉丝，克服了许许多多的困难后，我终于成功地做了一顿爱心早餐，更幸运的是我做出来的早餐不仅卖相还可以，味道也还不错！

宋苏杭　杭州市春蕾中学　805班

平凡中的不简单　我做的是鸡蛋饼和爆炒花菜。做鸡蛋饼时,我的手被溅起的油点烫了一下,有些疼,不过没有受伤。早餐制作看似简单,但我从中体会到要做好并不容易。很多事情都是这样,看似简单的事情,当亲身经历时才知道其中的难度。

杜潇宇　杭州市春蕾中学　805班

百香果炒饭,馋不馋　今天,我给我父母做了蛋炒饭,他们只吃了一点点,我有一点儿伤心,但是可能是我做得太难吃了。虽然我是一个做饭老手,但也好久没做饭,手艺生疏了。做饭的确很不容易,包括准备、炒菜、之后处理等工序,而且处处都有讲究,我们更是要怀揣一种感恩之心去给父母亲做饭,这才是对他们最好的报答。

**咖啡评论**

厨房里的家庭教育启迪

厨房,这个日常之地、凡俗之地,又是生命的安顿之地。细细咀嚼,可以给我们太多的家庭教育启迪。厨房里兴起的文化潮流,让这里更像一个慵懒的茶歇室、温馨的咖啡吧。就餐时的家常闲话,饭后的咀嚼回味,给一家人带来了更多的满足与幸福。这块小小的空间正逐渐成为家庭生活、情感沟通的重要场所。

厨房的形态变迁与家庭的价值更新

"厨房"在词典上的定义是这样的:烹制饭食菜肴之处。不难发现,传统意义上的厨房结构简单、功能单一,在建筑上偏安一隅,呈现小、旧、暗、陋的气象。在烟熏火燎之间，似乎一直不是大雅之堂。

几千年的厨房演进到了现代，已成为一个家庭时尚、幸福生活的标签。在新的生活理念下，厨房一般都是敞开式设计或用玻璃门作为隔断，和餐厅、客厅融合为多功能的家庭公共区域。正是这种开放，提供了沟通、参与的可能，也由此折射出现代家庭追求营造民主、自由、交流、享受的家庭氛围的理念。

餐桌上的长幼秩序

传统的餐桌是有严格的长幼秩序的，一家之长端坐上位，其他人各就其位，不可造次。吃饭的时候如果小辈叽叽喳喳，长辈会严肃地用吃饭的筷子敲碗告诫：食不言，寝不语。吃饭似乎是一件很严肃的事情，关涉对食物的崇敬，关涉家长的权威。小辈没有对食物的评价权。

伴随着社会的变迁，亲子关系也趋向民主、平等，厨房提供了长辈与孩子平等分享的空间，亲子之间可以在厨房里进行合作、开展对话，孩子不仅拥有"食"的权利与"吃"的尊严，更重要的是，能够在此获得与长辈交流、讨论和探究的自由。

厨师本位还是食客本位

著名美食作家沈宏非曾提出：这世界有两种餐饮形态，一种是"厨师本位"，另一种则是"食客本位"。"厨师本位"就是指厨师很牛，不容别人质疑；而"食客本位"则意味着厨师的所有烹饪都是从客人的爱好出发，客人拥有自己的话语权。

"以孩子为中心"是现代家庭教育中大多数家长的心理体验，然而，在高喊"一切为了孩子的成长"背后，家长是否考虑了孩子究竟喜欢什么、需要什么、发展什么？事实上决定这些内容的时候，孩子应该拥有参与、质疑、对话的权利，家长要做的是尽最大可能提供适应和满足孩子需求的发展保障。这样的亲子互助，才能为孩子烹制出适恰的成长大餐。

厨师的营养美学

厨房以饮食为主题，时代的变迁已经让"食"的内涵和外延有了质的跨越。在生存艰难的年代，"饱"是厨房的唯一追求。在追求生命品质的当下，美味、健康则成为现代人的生活原则。于是，绿色、健康的厨房理念，"全面均衡"的营养标准,对幸福生活的诉求,就成为现代厨房的重要观照。

更重要的是,高明的爸爸妈妈们,能够在烹饪过程中,通过与食材、孩子的对话,培育孩子对食物敬畏的态度、对劳动以及自然尊重的情感,这应当成为现今厨房的重要家庭教育功用之一,也是家长们的责任。萨瓦兰在《厨房里的哲学家》中有一句诙谐的饮食格言:"国家的命运取决于人民吃什么样的饭。"家庭是孩子人生中的第一个课堂,厨房美食中对于价值、情感和态度的浸润培育,应该成为在营养均衡基础上的更高追求。

家常菜,妈妈的味道

当下都市生活中,私房菜非常火,土里土气的家常菜仍然大行其道。日复一日、餐复一餐的家常菜,为什么没有让我们觉得味觉倦怠? 其实吃喝是一件没有原则的事情。什么好吃,什么不好吃,都是极其私人化、情绪化的。而家常菜往往因其注重食材新鲜,讲究原汁原味,让人依依不舍。

正如潘志平校长所言,孩子不一定能记住在妈妈指导下解出的一道题,但往往能记住妈妈拿手菜的味道。这是掌勺人与家人在味觉嗜好、用餐习惯上天长日久的熔炼、调试和培育后形成的全家人都喜爱的家常菜。它们简单、实惠、可口,吃起来无拘无束,天长日久,家常菜就成了家人最依恋的味道。这时,家常菜成了涵养亲子关系的场合,孩子在这里感受到家的味道、有爱的味道,爸爸妈妈在这里感受到被需要、被认可,彼此都能感受到和谐与关照、丰盈与充实,这样的彼此温暖,将成为双方人生的重要经历。

 **好书推荐**

《hello 早餐》

推荐理由:书中的每一道早餐,都经过细心的搭配,并附上了实际操作时的厨房小心得;最精彩的部分莫过于"大家的早餐秀"这个互动环节,参与互动的高手辈出,幸福洋溢,让人羡慕嫉妒又深受鼓舞!

《孩子爱吃》

推荐理由：在蔬菜、鸡蛋、米饭、肉类、水产这五大类食材中精挑细选了各种孩子有可能不太爱吃的食物进行示范制作，给妈妈们支着儿。要孩子多吃饭、爱吃菜。大声呵斥不管用，春风化雨更见效。

《亲手做零食　家人放心吃》

推荐理由：书中分享了多种健康美味的零食，把美好的滋味用健康的方式表达，不必担心摄入的热量及添加剂的问题。那些我们熟悉的热门零食的做法，在书中以一种简单明了又十分细致的方式呈现。

《宝贝爱吃》

推荐理由：本书针对妈妈们最关心的五大问题（孩子挑食怎么办，如何更加全面地补充孩子的营养，孩子生病了吃什么，如何用一种食材把大人孩子都搞定，怎么给孩子做健康的零食）设计菜品。

《子瑜妈妈的戚风蛋糕》

推荐理由：戚风蛋糕轻盈、绵软，具有云朵般的质地，可单吃，可夹馅，可裱花，是很多烘焙爱好者一定会尝试的一款。从基础款的蛋糕入手，分享作者多年积累的各种口味的戚风蛋糕，更附有失败案例解析让你举一反三，让你在第一次就能做出完美的戚风蛋糕。

你们是孩子最好的镜子

良好父母关系为孩子护航

 咖啡热搜

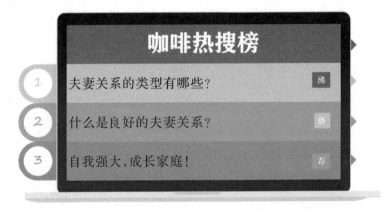

咖啡热搜榜

1	夫妻关系的类型有哪些？	沸
2	什么是良好的夫妻关系？	热
3	自我强大，成长家庭！	荐

大热电影《囧妈》中，男主角徐伊万与妈妈在前往莫斯科的列车上共度六天六夜，两人之间产生了激烈的矛盾，一路争吵不断。争吵的高潮是儿子徐伊万脱口而出："我爸就是被你气死的。"并回忆了小时候妈妈是如何控制爸爸，管束甚多，最后导致爸爸嗜酒成性的。不幸的婚姻关系造就了畸形的亲子关系，更不幸的是，这种畸形亲子关系又造就了徐伊万的不幸婚姻与糟糕的人际关系。如此，不健康的原生家庭体系，就会像汽车的连环追尾，其恶劣影响会有继承性。

很多人在这部影片中找到了感同身受的部分。比如父母争吵中处于弱势的一方，是我们心里同情、想保护的一方，就像电影中徐伊万的父亲，虽然没有出现，但从徐妈妈的言行中可以感受到她对丈夫的管束肯定也是事无巨细，控制欲极强,令人窒息,所以徐伊万就会自然而然地站在父亲的位置上,同情父亲,对母亲产生一定的抵触情绪。因此父母关系的和谐与否直接影响孩子性格的形成、价值观的建立。

电影一开始,徐伊万就和妻子张璐在闹离婚,张璐对徐伊万说:"你心里面长了一个幻想的老婆,你为什么要锲而不舍地改造我呢?"后来在火车上徐伊万也对他妈妈说了同样的话:"在你心里面住着一个幻想出来的儿子,他应该喜欢什么讨厌什么,他应该吃几块红烧肉,你全部都设定好了。你为什么要锲而不舍地改造我呢?"同样的控制欲,徐伊万妈妈从控制丈夫到控制儿子,再到儿子控制儿媳,孩子成了父母的一面镜子。

本期"咖啡热搜"的话题,就让我们聊聊良好的父母关系是如何影响孩子成长的,是如何促进自我强大的。

咖啡广场

你们有在孩子面前吵架吗?有在孩子面前抱怨对方吗?有在孩子面前表现出夫妻关系紧张吗?有在孩子面前只顾玩手机吗?有在孩子面前不拘小节吗?孩子就像一张白纸,他的成长取决于家长们的教育,还有家庭环境的影响。孩子们眼中的父母关系是怎样的?父母又是怎么评价对方的呢?下面就让我们走进孩子和父母的世界,听听他们的心声。

◎学生采访

小思　女生　小学五年级

和睦的父母　在我印象中,爸爸妈妈基本上没有吵过架,他们周末在家的时候会一起看书,看电影,聊工作中遇到的一些事。爸爸工作比较忙,有时要很晚才回家,妈妈就会给爸爸留一份吃的,有时候是煲的汤,有时候是果汁,有时候是水果。妈妈下班早一些,大部分时间是妈妈辅导我做作业,学校发生有趣的事情我也都会跟妈妈说,妈妈也经常会问我学习上有没有困难。偶尔爸爸下班回来早,也会检查我的作业。我最喜欢放假的时候爸爸和妈妈带我出去玩。今年暑假我们就去了首都北京,去看了故宫和天安门,去爬了长城,还吃了北京烤鸭,爸爸妈妈还跟我说了很多关于北京的故事。我喜欢跟他们一起出去玩,希望爸爸不要那么忙,可以带我们去更多好玩的地方,看不一样的风景。

小凡 男生 小学六年级

郁闷的男孩 我爸爸经常出差,妈妈在家不上班,爸爸和妈妈聊天的时间不多,爸爸一回家就抱着手机打电话、发微信,妈妈就说爸爸在家都不帮忙做点事;有时一聊天妈妈就会跟爸爸抱怨我学习动作慢,不听话,然后爸爸就会来批评我;有时爸爸妈妈会吵架,上次吵架还把我的玩具车摔坏了。我的学习大部分是妈妈在管的,妈妈对我很关心,让我烦恼的是我妈妈太啰唆了,经常说让我动作快点。一回到家,我刚想坐着休息一下,她就说你快点把作业本拿出来。一做作业,我刚发个呆、做点其他的事情,她就在旁边叨叨:你做事不要磨磨蹭蹭,一会儿弄这个一会儿弄那个。做完作业,我想看看电视,她又开始说我怎么又看电视,看电视对眼睛不好,看电视影响学习。反正我做什么事情她都要说几句,让我很烦。跟她说能不能不要这么啰唆,她就不高兴了,说我不理解她,唉——我很郁闷。

小琪 女生 初中二年级

周五的时光 我现在读初二,爸爸妈妈经常跟我说,学习是自己的事情,所以上初中以后我就是自己管自己的学习,只有遇到难题时,才去请教老师和爸爸妈妈。但是每周五晚上我们一家人就会一起聊一聊这一周的工作情况、学习情况,我很喜欢这个时间,因为不用去上培训班(得意脸),可以听听爸爸妈妈分享的趣事,还可以跟爸爸妈妈一起说说我遇到的困难,他们有时候也会给我一些好的建议。我爸爸妈妈关系很好,他们是大学同学,大学就在一起了,他们都喜欢打羽毛球,经常带我去体育馆打球,我现在也喜欢打,但还打不过他们,再过几年我就会比他们厉害了。妈妈对我和爸爸都很好,说话很温柔,也很理解我,如果我在学校遇到委屈了,妈妈都会安慰我,还教我怎么跟同学相处,现在在班上我有很多朋友。

小凌 男生 初中一年级

哥哥的幸福 上初中后,我就开始住在学校,周五晚上妈妈接我回家,周末大部分时间都要去上培训班。我爸爸在外地上班,但每天晚上妈妈都会和爸爸视频聊天,说一说我和弟弟一些有趣的事情,还会商量我学习上的问题。爸爸每个周末都会赶回来陪我们,会跟妈妈一起逛超市,有时候还会跟我

下城区教师教育学院沈洪副院长与第六期家长交流家庭教育中的困惑

下围棋,呵呵,但是他水平没有我高。我的学习还是妈妈管得多,小学的时候妈妈每天晚上都会陪我做作业。去年我妈妈生了一个弟弟,现在才一岁多。妈妈因为要照顾弟弟,所以陪我的时间没有以前多,但她会跟我班主任聊我在学校的情况。我弟弟很可爱的,我一回家他就缠着要跟我玩,我做作业的时候要在我旁边看着,晚上也要跟我睡觉,我也很喜欢跟他玩。

　　小辰　女生　小学六年级

　　生日的期待　我爸爸和妈妈没有在一起了,小学二年级我就跟着妈妈生活。妈妈白天工作很忙,放学没时间来接我,后来就叫了外婆来接我,给我做饭。妈妈有时候下班比较早,会陪我吃饭,还会陪我做会儿作业,玩会儿游戏。有时候下班很晚,我睡觉了她还没有回来,第二天早上我醒来才能见到她。周末,我大部分时间就跟外婆在家,做作业,看电视。妈妈不忙的话会带我去公园玩,还会给我买很多好吃的,给我拍很多好看的照片。偶尔我会跟爸爸视频聊天。爸爸现在有了新家庭和新弟弟,聊天的次数也越来越少了,上次见到爸爸是四年级我生日的时候,爸爸给我买了一只小熊的玩具,我非常喜欢,天天抱着它睡觉。我现在最大的愿望是下次生日爸爸妈妈一起带我去迪斯尼乐园玩。

◎家长采访

初中二年级　小城妈妈

沟通困难党　我有两个小孩,大儿子上初中,小女儿在上幼儿园大班。孩子爸爸工作比较忙,孩子的学习与生活主要是我在负责。由于工作上的原因,我们夫妻双方沟通比较少,很多事情都是我一个人在做决定。现在孩子慢慢长大了,很多事情我都感觉使不上力,尤其是大儿子开始进入青春期,越来越不愿意主动说话了,很多事情问了也不说。再加上孩子爸爸平时对儿子要求比较严格,他们两个人的关系是有点紧张的,所以爸爸一回家,大儿子就基本上不会跟他说话,问了也不说。我们也知道夫妻双方的沟通对孩子的成长很重要,但不知道怎么沟通比较有效。还有爸爸如何跟青春期的孩子有一个有效的沟通,这也是我们家庭的一个困惑。

幼儿园大班　小雨妈妈

价值相悖族　我的问题不是我们家宝宝(幼儿园大班)不听话,我的困惑是孩子爸爸不听话。为什么这么说呢?因为她爸爸就是活在当下,只争朝夕,很随性的一个人。现在他这样的性格影响到我们的宝宝了,小孩子也比较懒散,做事情动作很慢。因为这件事情,我已经跟孩子爸爸争吵过好几次了,但没有任何改变。我很希望孩子爸爸能和我调整到同一个频道上,能正向影响我们的孩子,能让孩子有自己的目标和理想,并且能够为之努力,而不是像我现在训练"狗狗"一样的,每天都要你给他安排任务,完成一个学习任务就要给一个奖励。这让我总感觉他好像没有自己的想法,都是在听从我的安排,我设置的小目标,如果我不安排,他就不做任何事情,不付出任何努力。孩子和爸爸这样的情况让我很头疼。

小学二年级　小林爸爸

偶尔吵架族　我家有一个二年级的男孩子,我和他妈妈性格都比较急,生活中总会有一些矛盾,偶尔没忍住就吵起来了。我们也尽量不在孩子面前吵架,吵完架过几天就好了。我呢,上班比较忙,一般都是他妈妈带他,最近我发现孩子比较爱撒娇,遇到一点点挫折就不愿意去挑战,做事情也不干脆利落。我认为男孩子应该阳刚一点儿,自信一点儿,更有男子气概一些。因为这个事情,我们夫妻已经讨论过好几次了。可我现在不知道怎么去引导他,让他跟班上同学的关系处得更好一些,面对同学和其他朋友能更自信一些。

小学三年级　小杰妈妈

分工合作者　跟前面的家庭一样,我家也是男孩子。我跟我家先生在孩子教育方面的态度是一致的,我们的孩子在外面也会上一些培训班,我和先生会及时和孩子完成作业打卡,我们夫妻双方也会分工,整体上还是比较和谐的。我的困惑就是爸爸的执行力比较强,而我有时候情绪会控制不好。在教育孩子方面,我的执行力就比较弱,对孩子可能就没有那么严格,导致孩子在学习、生活上做一些事情的时候就要跟我讲条件,让我很郁闷,我该怎么办?

初中一年级　小叶爸爸

手机困扰族　我是初一孩子的爸爸。我最大的苦恼就是我们家的孩子非常叛逆,基本上一回到家就把门锁起来,连沟通的机会都没有。我们夫妻之间的关系还可以,虽然平时不怎么聊天,但我们两个人从来没有在孩子面前指责过对方、吵过架之类的,反而会经常夸对方,关心对方。但到孩子身上就没办法了,今天我问孩子去上课动力是什么呢,他就说上课回来可以玩手机。手机的问题很难控制,孩子有时候就会说,你不给我手机,我就不去上课,我作业也不做,会有各种各样的问题出现。我们夫妻两人因为手机问题也想了很多办法,还是没有很好的效果。

在直播间倾听完家长和孩子们的心声后,咖啡记者将大家的问题进行了梳理。

孩子们的反馈体现为三类:第一,父母关系和谐,爸爸妈妈沟通顺畅,能互相理解,有共同的兴趣爱好,家庭氛围好,孩子能积极、主动与父母交流,自主管理能力强,人际关系较好;第二,父母关系疏离,因工作和性格等原因爸爸妈妈沟通较少,交流内容也多限于孩子的学习,父母中的一方会把压抑的情绪投射到孩子身上,让孩子感受到家庭压力;第三,父母关系破裂,孩子与其中一方生活,受到的家庭关注较少,家庭生活比较单调,孩子内心敏感,渴望得到父母

参与第六期家长咖啡厅活动"你们是孩子最好的镜子"的所有嘉宾和家长

更多的爱与陪伴。

　　家长们的问题总体为三类:第一,沟通无效问题,夫妻双方沟通少,或者沟通方式不合理,形成比较压抑、紧张的家庭氛围,导致孩子不知道如何交流或者不愿意交流,甚至亲子关系紧张;第二,价值追求问题,夫妻双方的价值观不统一,一方面夫妻关系难以保持平衡,另一方面难以形成一致的家庭教育环境,孩子在混乱的秩序中会不知所措,较难形成自主独立的性格;第三,家庭执行问题,这类家庭有较好的分工合作、携手共进意识,但在执行力和有效措施上存在差异,孩子会根据父母的特点采取不一样的应对方式,甚至会出现叛逆的情绪,由此使得夫妻双方的合作无效。

　　让我们一起期待咖啡广场的智慧分享!

☕咖啡锦囊

◎家长互助

很多家长都知道良好的父母关系是一种温暖而亲密的关系,是建立在相互之间的爱与尊重之上的。家庭中冲突与矛盾是不可避免的,那如何做才能保持良好的沟通,才能避免对孩子的成长造成伤害? 如何使用双赢的办法来解决冲突呢? 父母如何说孩子们才会听呢? 且看部分家长的智慧宝典。

小学六年级　小徐妈妈

约定:保持畅通的交流　我们夫妻双方有一个约定,不管工作多忙,每天都要保持一定时间的交流,互相说一说今天发生的一些事,表达自己的真实情绪,让对方更加了解,并关注彼此的情绪。同样的,我们也会保持和孩子的交流,让孩子感受到我们对他的关注和爱,有效的沟通能促进我们家庭成员之间的情感联结,这样孩子也会主动跟我们交流。

初中一年级　小庆爸爸

接纳:培养自主独立　我们两个是觉得要学会接纳对方,接纳孩子。每个孩子都有自己的特点。我们夫妻很少在孩子面前玩手机,我们孩子三年级开始就有自己的手机,但我们告诉孩子,手机是一种有效生活、工作的工具,而不是驾驭我们时间的机器。我们会花较多的时间陪孩子读书、玩游戏、聊天、运动,生活已经很充实了,孩子也会管理自己的时间了,所以孩子对手机不怎么依赖。

小学二年级　小顾爸爸

尊重:欣赏对方优点　我觉得要懂得彼此尊重,夫妻关系要建立在平等的基础上,任何一方都不要把自己凌驾于对方之上。还要学会相互欣赏,不要老盯着对方的缺点,要学会欣赏另一半的优点,不时地夸一夸,或者互相送一些有纪念意义的礼物。父母这样的方式,会让整个家庭和谐、平衡、充满安全感,父母会尊重孩子,孩子亦会尊重父母。

小学四年级　小博妈妈

调节:学会情绪管理　每天生活在一起,夫妻之间总会有磕磕碰碰

参与第六期家长咖啡厅活动的家长分享家庭教育中的智慧

的,我们首先是会尝试控制自己的情绪,换一个能让自己安静下来的地方,调整好情绪,从容地思考好解决冲突的方法后,再双方坐下来一起商讨,不会被情绪控制。即使偶尔没有及时控制情绪,出现了争吵,我们也不会冷战不说话,尽量让当天的问题当天解决掉。我们在处理孩子的问题时,也会关注孩子的情绪,让他充分表达自己情绪和想法,再来解决问题。

> **小贴士:**
>
> 1. 交流畅通,联结情感认真陪伴,接纳彼此。
> 2. 互相尊重,学会欣赏控制情绪,学会调整。

◎导师慧语

项声菊,杭州市朝晖实验小学校长,中学高级教师,浙江省普通话测试员,浙江省语言文字工作者协会会员,曾获评全国推动经典诵读百佳人物、全国写字教学先进个人、浙江省教改之星、杭州市学科带头人、杭州市教坛新秀、杭州市语言文字工作先进个人、下城教育名家等。主编了《遇见你,遇见温暖》《家长与新课程同行》《汉字风云会》《00后写手部落》《经典诵读推荐书目读本(小学高段卷)》等书。

　　父母关系是家庭的核心,是家庭中最重要的关系,也是幸福家庭的起点。家庭治疗大师萨提亚说,夫妻是家庭的建筑师。父母恩爱的家庭,就像一个温暖的巢,给孩子足够的安全感。心理学家做了一个研究,经过大量数据和家庭分析发现:在一个家庭里,如果夫妻关系是好的,这样的家庭就会稳如磐石,亲子关系也会比较和谐。

理念篇:良好父母关系,创造教育契机

　　父母相爱,是孩子最大的福气。良好的父母关系,会给孩子的教育带来很多好处和契机,第一大好处就是孩子将学会如何爱的能力。在《爸爸去哪儿》真人秀中,我们看到黄磊的女儿多多在与小伙伴相处时,表现出了高情商与表达爱的能力,而且她还能很好地跟爸爸交流自己的想法。在节目中,当主持人问多多,你是爱妈妈多一点儿还是爱爸爸多一点儿的时候,平时温柔的多多立马生气了,满含眼泪地拒绝回答这个问题。她说:"这是谁要问的问题,怎么能这样问呢?如果你说爱爸爸多一点儿,妈妈会伤心的,因为是她从小养你爱你操碎了心。你要说爱妈妈多一点儿,那爸爸也会很伤心,因为他在外面受苦受累地挣钱都是为了你啊,所以你要爱爸爸妈妈一样多。"这就不禁让人感叹一个8岁的姑娘能有这样的感悟和爱的能力。恩爱父母的小孩是幸运的,因为他(她)见过好的感情是什么样的,幸福的家庭是什么模样的,拥有对健康的爱的感知。这也是对孩子未来的一种正确引导。可以说,父母是孩子浪漫意识和自我的建造者。孩子每天观察到的和所经历的事情会在不知不觉中沉淀到记忆里,成为他们日后的生命运行模式。不管是男孩还是女孩,他们都会在父母的相处模式中,学到该如何跟异性相处,因为这是他们最早看到的两性关系。相爱的父母身体力行地影响着孩子的家庭观,在父母恩爱中长大的孩子,便学会了怎么去爱一个人,怎么去爱一个家庭。

　　第二大好处是孩子将学会欣赏尊重的能力。父母,对孩子最好的爱,

就是欣赏并尊重另一半。德国哲学家雅思贝尔斯说:"教育就是一棵树摇动另一棵树,一朵云推动另一朵云,一个灵魂唤醒另一个灵魂。"教育就是父母用自己的言传身教、以身作则去唤醒一颗幼小的种子,用自己的真实行动来慢慢影响它,让它生根发芽、枝繁叶茂。在幸福的家庭中,父母双方是互相尊重、互相理解的,在这样一种家庭关系下成长的孩子就会经常看到这样的画面:妈妈是如何尊重爸爸的,爸爸是怎么尊重妈妈的。对于孩子,父母也会抱着尊重的态度进行教育。被尊重着长大的孩子,他会形成这样的信念:尊重他人是与人相处的第一要义。

第三大好处是孩子将学会悦纳他人的能力。好的夫妻关系是能互相欣赏对方的优点,必能悦纳对方的缺点。人无完人,每个人都有缺点,很多夫妻在家庭生活中会放大对方的缺点,逐渐看不到另一半的优点,而夫妻恩爱的家庭中会无限放大彼此的优点,更会悦纳彼此的缺点,甚至将缺点在一定程度上转化为优点。在一个互相欣赏的家庭氛围中长大的孩子,必定会有宽广的心胸,他们自信乐观,待人真诚,更愿意悦纳身边的每一个人。

现实篇:父母关系类型,不同成长环境

我们今天这个话题是良好的父母关系,我们在对孩子的教育过程中,一般的家庭可能分成这几类。

第一种类型是夫妻双方对孩子的教育都不怎么重视,没时间管或不愿意管,这种类型的家长是极少极少的。

第二种类型是夫妻双方中,有一方很关心,认为孩子就是我的命,而另外一方无论从客观还是主观来说,相对管得会比较少,俗称缺席。这样的夫妻将亲子关系放在最重要的位置,忽视了夫妻关系的经营,如此容易出现"妈宝",也就是心理学者武志红所说的"巨婴",缺少独立生活的能力,以自我为宇宙中心。而每个"巨婴"背后,往往都有一个过于照顾和管控的爸爸或妈妈。

第三种类型是夫妻双方都管,但两个人的理念、方式不一样。教育观念的不一致,就会出现他要这样管,你要那样管,这样孩子就困惑了,不知道该怎么做。价值观不一样的父母经常会因为孩子的成长问题产生矛盾,并发生争吵,会让孩子充满负疚感,认为是自己做得不好,自己不够优秀才使父母关系不好。长此以往,孩子就会变得自卑、敏感或叛逆,难以与他人建立良好的人际关系。

第四种类型就是最佳状态,夫妻双方彼此尊重又和谐,两人沟通很好,就形成了一股合力。这种家庭就是我们通常说的模范家庭。父母们常说,我们唯一的心愿是希望孩子能幸福成长。殊不知,孩子幸福的大前提就是父母关系好。比如黄磊夫妇是娱乐圈少见的恩爱夫妻,他们相识相知相伴 20 多年,家庭和谐美满,对两个孩子有独特的教育方式,尊重孩子的兴趣爱好,鼓励孩子形成自主独立的思想。

现在,我们做个小调查,你们的家庭是哪种类型。如果你想要改变当前的现状,想让另一方一起参与到家庭教育中来,最核心的力量就是自己要成长,通过自身的改变去影响身边的人,也就是强大自己,成就家庭。因为对孩子最好的教育就是父母一定要率先垂范,彼此尊重,相亲相爱,而且要有追求,有梦想,有行动,心中有爱,眼里有光,把平凡的日子过得如诗般美好。

小贴士:

良好的父母关系必须做好两件事情:

1. 懂得夫妻关系一定高于亲子关系,要学会活出精彩的自我。
2. 懂得孩子是作为独立的个体存在,要学会适时与孩子分离。

◎**大咖支着**

徐静,新东方家庭教育讲师,美国正面管教家长讲师,青少年叙事生涯规划师,10 年教育经验,一年百场讲座,4000＋咨询个案,江浙 30 多所小学客座讲师,浙江教育科技频道、杭州日报、金华日报等多家媒体特邀嘉宾。

"我自己本身也是一个大班孩子的妈妈,我首先说说家庭教育对我自己的改变。"徐静老师讲述了从 6 年前做家庭教育开始,她的人生发生了翻天覆地的变化,家庭的整个状态有了很大的调整,现在先生和孩子的状态都非常好,这一切,徐老师认为就是心理学和家庭教育带给她的。那么心理学、教育学里有什么妙招呢? 在心理学中提到孩子成长有三个非常重要的因素,分别是夫妻关系、出生顺序和养育方式,其中最重要的影响因素是夫妻关系。

探讨篇:什么是好的夫妻关系

什么样的夫妻关系才是比较好的夫妻关系呢? 夫妻中常见的吵架是好还是不好的关系呢? 心理学家约翰·戈特曼曾经做了一个长达 20 年的研究,研究中会发现幸福的家庭其实不是不吵架的,它有一个 5:1 的比例,就是五好一坏。说一句消极的话,要用五句好话来弥补,吵一次架,有五天是不吵架的,这样的关系相对来说是比较和谐的。因为是人一定会有磕磕碰碰,是人一定会有矛盾,每个人都有自己的内在冲突,更别说夫妻关系了。

徐静老师在与家长互动、探讨

影响夫妻关系的三个重要因素是什么呢? 这里分享一个三角理论。

第一个是亲密度,是指夫妻双方沟通的程度,对彼此支持的程度,对彼此的期待。我们沟通越良性,说明夫妻间的亲密度越高。现在非常多的家庭中夫妻关系出现不和谐。比如,有的先生整天在外面打拼工作,甚至长时间出差,回家后跟妻子没有太多的话题,导致妻子感觉自己受到了冷暴力,这样妻子就容易把自己不好的情绪转移到孩子身上,这样孩子的压力就会很大,感觉不到父母真正的支持和关爱。所以从孩子身上就会发现夫妻之间沟通是否顺畅。第二个是承诺,夫妻是对彼此做出了承诺,我们的承诺是什么?是要合力把孩子养育好,要合力提升我们家庭经济整体状况,我们愿意为彼此奉献,愿意让对方成长发展得更好。常见的家庭状况是太太支持先生比较多,但先生可能会容易忽视太太,所以先生们可以支持太太们多多学习,提升自身的状态。这样就会形成光晕效应,它就像是太阳,光芒四射,围绕在它身边的都是好的。第三个因素是性或者叫作激情,会随着两人逐渐结合,生儿育女,为了家庭一起去拼搏和奋斗,呈下降的趋势,但不会没有。其实,随着夫妻相处时间的增加,"亲密度"和"承诺"两部分占比越来越高,夫妻携手往前走,最后会发现"承诺"占比是最高的。

咖啡互动一:"撬"开你的手掌

找个小伙伴,两个人一组,相对促膝而坐。其中一人将拳头握起来,另一个人用任何不伤害对方的方式让其把手掌打开。30秒时间,看看谁能"撬"开对方的手掌。

时间结束,哪些小组成功了?你们是用了什么方法?

小组1:我很怕痒,对方用挠痒痒的方式,我就松开手掌了——弱点的策略。

小组2:对方一直夸我,说得太好听了,我被感动了,就相信他,不由得打开了手掌——甜蜜的欺骗。

小组3:我是自愿打开手掌的,这是我们想到的最快的方法。——合作的力量。

互动探讨:在日常与伴侣或孩子相处时,我们是要赢得他,还是要赢了他?

只有一字之差,但表示的含义大不相同。在日常的养育或者是夫妻沟通当中,我们会倾向赢得还是赢了?我们在生活当中会更倾向于赢了对方,而不是赢得他。如果要他"认错"或"输了",自己才"痛快",这样就会很容易给对方造成伤害。在夫妻关系中,我们可以相互体谅,主动合作,赢得他,赢得美好家庭。

交流篇:生活矛盾的影响

家庭生活中总是会出现矛盾,有可能是夫妻之间的矛盾,也有可能是两人因为孩子的教育出现了矛盾。思考交流一下,如果夫妻因为某件事情发生了矛盾,对夫妻两人关系、对个人、对孩子会产生什么样的影响呢?

对夫妻关系的影响	对个人的影响	对孩子的影响
隔阂、吵架、冷战、疏离、好感度降低、亲密度降低、相互伤害、吵完感情可能更好	不开心、翻旧账、情绪低落、指责、鄙视、批评、失望、反感、陌生、不健康	性格改变,情绪负面,缺爱,缺少归属感、价值感、安全感,不自信,悲观,消极,社会化

在对孩子的影响中,孩子成长需要三种感。第一种感称为归属感。孩子从出生那一刻开始,一定是需要爸爸妈妈给予爱,这样他才会感觉到有安全感。孩子慢慢长大,他需要一种"我对这个家庭、这个集体有一定的贡献"的感觉,这就是孩子的归属感。孩子幼小衔接、小学、初中、高中、大学,每来到一个新的集体,他都需要有归属感。第二种感叫价值感,想想孩子需不需要价值感?我们需不需要价值感?我在一个单位,我需要做出一些业绩来证明我自己;我在一个家庭,要做出一些贡献来证明我是家庭当中的一分子。所以归属感和价值感很重要,而夫妻的吵架是会让孩子的归属感和价值感都持续降低的,更会破坏孩子的第三种感——安全感。

咖啡互动二:照我说的做

心理学家约翰·戈尔曼曾经提过一句话,父母的一言一行其实是在塑造孩子的大脑。我们养育一个孩子,其实是在养育一个大脑,这个如何理解呢?我们来做第二个互动游戏,在游戏中,你慢慢感觉。

听我说,现在请大家拿出一只手,把大拇指竖起来,先把大拇指前推,再收回;前推、收回……好,现在把大拇指放在额头上(徐老师的手却放在下巴的位置)。

互动探讨:我告诉你们把大拇指放在额头上,你们都放在额头上了,因为活动叫"照我说的做",但是我把大拇指放在下巴处,此时的感受是什么? 是不是怀疑自己放错了,产生了不自信的感觉? 就像我们家长在教育孩子的时候,说的是一个标准,但对孩子的实际要求又不一样,这样孩子就会产生疑惑:你到底想要我做什么? 我怎么样做才是对的呢? 这里蕴含了一个重要的心理学理论——镜像神经元。镜像神经元是人身体的一种神经元,当一个人做某项动作时,他们会观察别人做同样的动作,这些神经元对别人的行为做出反应,就像你自己在做一样。就像刚才,你们的镜像神经元在模仿我。

孩子出生后,他(她)从小跟谁最亲密呀? 就是妈妈和爸爸。根据发展心理学,当孩子小的时候,尤其是在小学阶段,父母对他的影响是在70%～80%,等到了初中,就剩下 20%～30%,到了高中就只剩下 10%了,所以在小学阶段,我们家长对孩子的影响绝对是最大化的。夫妻如果吵架的话,孩子是不是也能够模仿到什么,学会什么? 父母经常用吵架解决问题,用暴力解决问题,用这种不尊重不和谐的方式解决问题,孩子也就学会了用这样的方式来面对他(她)未来的朋友、未来的工作、未来的亲密关系,甚至未来怎么养育他(她)的下一代。这个影响是深远的,我们看到的可能只是当下,却会影响孩子一生。大家回想一下,我们现在的养育方式跟你的父母像不像? 我们会不会或多或少继承了爸爸的优点和缺点,同时也继承了妈妈的优点和缺点,这就是我们现在非常流行说的家庭原生养育方式。

沟通篇:夫妻沟通正确之道

前面谈了很多夫妻关系对孩子成长的重要性,现在继续思考一个问题:我如何用尊重的方式跟我的伴侣沟通?

方式一:尊重,求同存异,争取最

大的交集。每一个人都不是完美的，我们不可能把另外一个人磨成我们想象的模样。尊重差异，求同存异，适当竞争，分工合作。比如在教育孩子学习方面，如果我文科比较好，我就管孩子的语文和英语，你理科比较好，你就负责孩子的数学与科学，比一比看看谁管得好。

方式二：共情，给予情感反馈。可以跟对方说，我看出来了，我发现了，我感受到了……让对方把他（她）的感觉说出来，这样可能会让他（她）舒服一点儿。共情不一定要你帮忙解决什么问题。如果别人需要我们帮助解决，我们再去解决，不需要的话，我们就只做共情，也就是需要时再解决，对待孩子也是一样。

方式三：同频共振——共同学习，共同进步。前面的访谈中有一位妈妈提到像训练小狗一样养育孩子和老公，当你带不动的时候，那我们就先自我学习和成长，以后有机会再影响老公和孩子。这个世界没有任何一个人有能力去改变另外一个人，只有当你变得优秀的时候，才会激发身边人的竞争力，他（她）会跟你一起同频共振，一起学习，一起进步。

方法篇：正确的爱和规则

在家庭养育中，夫妻最容易共同犯的错误是什么呢？一是过于关注，即溺爱。我建议父母要在生活上放手，在精神上给予爱。在物质生活上我们要尽量地放手，在精神上要给予孩子无条件的爱，要让孩子知道无论他做得好不好，我们都爱你，即使你考不好，我们也爱你。我们家长可能经常会说，你这次考好了，就带你去想去的地方玩，吃你想吃的东西，买你想买的东西。这其实叫作收买，收买就是溺爱。所以我们也要建议慎用奖励，尽量用精神上的奖励，比如拥抱，购买孩子感兴趣的书，支持他去做

他愿意做的事情，这些其实都是无条件的爱。

二是过度的控制。怎么样才能够做到不控制呢？我觉得一个核心的点，是对孩子要无条件地信任。我们对孩子的催促，就是觉得孩子不够好，就是不相信他（她）能够正常地完成作

业，并且不断地给孩子提供物质上无条件的帮助，这都是一种控制。你给孩子准备好了所有生活上的事情，比如被子帮他（她）叠好，饭也帮他（她）盛好，这种也叫精神上的控制，是演变过来的一种控制。

我们应该在什么时候给孩子爱又同时给孩子建立规则呢？有的家长可能会担心我给孩子过度的规则了，给予的爱不够，也有的妈妈觉得我给孩子过度的爱了，孩子总是跟我谈条件，困惑是怎样给孩子立规矩。首先是给孩子更多精神上无条件的爱。无论你考得好不好，爸爸妈妈都爱你；无论你考得好不好，我们都给你买你喜欢吃的东西。其次可以给孩子高质量的陪伴。一周 2～3 次，越小次数越多，每次陪伴 30 分钟以上，做孩子喜欢做的事情，而不是你认为好的。

那如何给孩子限制呢？以常见的手机问题为例。大家都在关心：手机要不要给孩子用？这个可以让孩子适当地玩，但限制很重要，我们可以跟孩子商量使用手机的频次和时间。我们可以拿张纸和笔坐下来，跟孩子商量：你觉得看手机的好处是什么？坏处是什么？让孩子明白这件事情，正确看待手机的使用，这很重要。另一个关键点就是时间到了，要不要收？要收。往往坚持不下来的是家长。家长们常常有这种感觉，我也挺累的，孩子手机看一会儿就看一会儿吧，一看手机，孩子就老实了。所以要遵守规则的是家长，时间到了，就把手机收回来。万一孩子跟你撒娇、打闹、哭叫、摔东西……那你怎么办？要让孩子意识到这些行为没用，我照收不误。收的时候，我们不是马上抢下来，而是用平和的语气跟孩子表达，时间到了，要遵守我们的约定，谢谢你的配合，然后把手机收起来。

最后，再跟大家分享一句话，这是著名心理学家阿德勒说的，他说现在教育孩子的最大困难其实是源于教育者对孩子的不了解。每一位父母都希望我们能够竭尽所能地把孩子养育好，但是因为我们学习得不够，导致我们对孩子不了解，所以我们也经常会说懂孩子不焦虑，懂规律不焦虑，我们之所以会焦虑会有压力，是因为我们现在还不够了解孩子。未来之路，建议家长们多学习，多学习才能解决文明的焦虑，促进我们的成长，才能够真正地教育好孩子。

> **小贴士：**
>
> 1. 做平和的父母：最重要的规则是针对父母的。
> 2. 做自我成长的夫妻：最重要的支持来自伴侣。

咖啡续语

在家长咖啡厅分享中，家长们都抛出了自己的困惑，在与其他家长、导师和大咖学习、交流后，家长们都将收获铭记在心，迫不及待想要回家试一试。活动结束一个月后，咖啡记者和参与活动的家长们进行了电话交流、微信沟通，家长们纷纷将学习后的实践心得与心态变化娓娓道来。

◎实践回声

小学四年级　小洁妈妈

成长，从自己开始　很幸运参加了这一期的活动，同样身为妈妈，听完徐老师的成长故事后，很有感触。因为我也经历过她描述的那些时光，我迷茫了很长一段时间，自我价值感一直处于很低的状态，心情也不是很好，因此对孩子的要求会很高。我以前是很喜欢拍照片的，自从生完孩子后就没什么时间去好好拍照，自从上次学习回来后，我重新开始学习，重新拿起照相机了。现在每天都会在网上学习新的拍照技术与构图，周末会跟老公和孩子一起出去找美丽的风景，他们做我的模特，在拍照中我能够静静观察老公和孩子的神态，然后发现他们身上的很多我之前忽视的优点和美好。找回自己的兴趣后，我的心也变得平静了，情绪更平和了。前两天我把在西湖边拍的一组照片发到朋友圈，得到了很多人的点赞和肯定，让我有一种自豪感。前几周都是我在计划游玩路线，这一周我老公主动要求周末带我和孩子去临安，我想这就是徐老师说的光晕效应，成长自我，强大家庭。

小学五年级　小可爸爸

沟通，重建亲密关系　上次咖啡厅学习后，我回家深刻反思了我们夫妻之间的现状，我工作忙，与另一半沟通的时间越来越少，到后面大部分的沟通内容是孩子,我也很少关注孩子妈妈的工作和心情。于是,我当天晚上就跟她坦诚地聊了聊自己的想法,尤其是夫妻关系是最重要的这一观点,我们也约定了每天都进行一些沟通。刚开始那几天还是主要围绕孩子,后来我会讲一些公司里和新闻中看到的一些有趣的事,也会把自己的一些苦恼跟她交流,她现在说的也多起来了,我们都有一种回到刚开始结婚时的状态的感觉,两人之间感觉亲密了很多。现在每个星期,我们还会一起看部电影,我也尽量不加班,早点回家跟他们一起吃饭。我儿子昨天还在说,爸爸你最近在家的时间越来越长啦。所以很感谢参加了这样一次活动。

幼儿园大班　小菲爸爸

信任,安全的联结　徐老师带我们做了两次互动游戏,回家后我就跟我夫人一起重温了一下。尤其是第一个游戏,我们都觉得这是信任对方,才会主动把手打开。我们夫妻的感情挺好的,家里的事情都会一起商量,家庭氛围还是不错的,就是对孩子不够信任。就像徐老师说的那样,有时候会觉得孩子做事情速度太慢,会不断催促孩子,要反复地跟他说一件事,他才会动手去做。这个月,我们夫妻尝试着跟孩子约定好时间,在规定时间内你把事情完成,我们不会再来催促你。没想到,大部分事情孩子还是会完成的,虽然做得没有那么完美。所以信任孩子,给孩子安全感,他会发挥自己的能力。谢谢家长咖啡厅,我们终于可以不做啰唆的爸爸妈妈了。

初中一年级　小闵妈妈

改变,孩子感受最直接　我是一个比较严格的妻子,很少当面夸老公,但他做得不好或做错的时候,我会直接说出来,所以我们夫妻感情也很平淡,彼此也很少开玩笑。上次学习后,我觉得很多点都说到我心坎上了,想着再不改变,这个家庭就真不幸福了。于是,我学着找准时机夸赞他。比如有一次,我老公烧了一条鱼,味道还不错,我就说真好吃,还特意把这条鱼吃光了,老公那天心情也很好,后来连续几天都主动掌勺,菜也越做越上心,我也越来越多地夸奖他。所以我们俩的关系越来越好了,聊天的内容多起来了,有时还会开开对方玩笑。我们互相变得会欣赏对方身上的优点了。我家孩子本来青春期很少跟我们说话,这几天也会说一些学校里发生的事情。我想孩子的感受就是最直接的反馈。

父母不是天生的,是后天形成的。没有天生的好父母,都是在后天学习中成长的。愿意学习、改变的父母对孩子来说就是一种榜样。孩子的心都是敏感的,父母关系发生变化时,孩子都会第一时间感受到。

◎互动留言

Mick李(网名):孩子的家庭教育问题,永远是每个父母关注的焦点和困惑点,在活动中最大的收获是听到并深刻思考了一句话:在夫妻相处和争吵中,你是希望赢了对方,还是赢得对方? 看似简单的一字之差,却表现出截然不同的价值观和爱情观。不得不说,后者是一种大爱、大智慧,生活的艺术! 而现实生活中,我们绝大多数的人往往都是前者的缩影,费尽口舌赢了对方,却输了人生!

小小(网名):咖啡厅的交流和学习,让我学到了很多,比如夫妻沟通中共情十分重要,对归属感、价值感的作用有了更深的了解,我也尝试改变自己。我们父母首先要成为更好的自己,孩子才会向往更幸福的生活。

家长交流学习心得

瓜瓜(网名):言传身教,是对小朋友最好的教育。原生家庭的影响会对小朋友的一生产生不可估量的作用。良好的父母关系,让小朋友热爱自己,热爱生活,发现生活中的美好,热爱这个世界。这是最好的启发。感谢"家长咖啡厅",希望能有更多更好的活动。

小飞(网名):咖啡厅学习后,我对家庭关系、夫妻关系对孩子身心发展的影响的这个话题产生了很大的兴趣。现在我就在读这方面的书籍与文章,让我更新了很多观念,谢谢徐老师的引领。

每位家长在这次学习中都有不同的感受、体会,也开始去尝试改变,这些改变出发点不一定是孩子,最主要的是成就更好的自己。个体内心平和、充满活力,努力去追求人生价值,这本身就是对孩子的一种教育。

 咖啡评论

父母恩爱,是给孩子最好的礼物

心理学家诺费奥说,父母恩爱是给孩子最好的礼物。因为父母的相处模式,是孩子最开始接触和了解爱情与婚姻的入口。父母关系是怎样的,很大程度将会影响孩子怎样面对这个世界。

父母恩爱,是孩子认识世界的起点

《全国家庭教育状况调查报告(2018)》数据显示,无论是四年级还是八年级的学生,他们眼中最重要的事情是"有温暖的家"。孩子们对家庭的依赖程度是很高的,对孩子来说,家庭是孩子认识这个世界的起点,而父母的爱决定了家庭幸福质量的高低。温暖的家庭带给孩子的是充足的安全感、归属感和幸福感,在这样的氛围中成长的孩子,有足够的能量和胸怀去认识充满挑战的世界。如果父母经常在孩子面前你争我吵,互相指责抱怨,家庭里弥漫着消极情绪、不安全感,让孩子承受巨大的伤害同时还会消耗孩子对未来的期待与追求。

在调查中还发现孩子们最崇拜的人是"父母",孩子们对父母都抱有积极的认可和赞同。孩子呱呱坠地时,守候在旁的是父母;婴幼儿时期,精心照料的是父母;漫漫求学路上,陪伴左右的是父母……在他们最初的探索中,镜像神经元让他们模仿的第一个对象就是父母。人们常说,父

母是孩子的榜样,父母的一言一行都会投射到孩子的内心,父母关系越好,情感沟通越多,孩子积极情绪的感受能力就越强,对父母的崇拜之情就越高,家庭教育的实现就在父母言行的每个细节中。父母感情淡漠,双方缺少情感联通,孩子很少接收积极情绪表达的信息,他(她)在这方面的能力也会变得笨拙,甚至不知道怎么正确表达自己的情感。

社会学家扎克曾说,父母是子女最亲近的人,也是最信任的人。孩子不是父母的全世界,但对刚出生的孩子来说,父母是他们的全世界,父母恩爱,就是他们认识这个世界最好的起点。

父母恩爱,是维持家庭正常运行的原动力

德国心理学家海灵格,通过几十年的研究发现,许多孩子出现的问题,都与父母没有遵循好家庭运行法则有直接关系。真正健康的家庭,一定会遵循这个法则:家庭之中,先出现的关系,要优于后出现的关系,也就是说夫妻关系要重于亲子关系。我们经常会见到父母中一方把孩子摆在第一位,什么都围绕着孩子转,而忽略了身边的伴侣。最后受到忽视的一方会出现不满情绪,夫妻关系淡漠甚至破裂,整个家庭何谈幸福。

在电视剧《都挺好》中,苏明玉的妈妈就是典型的母亲,将所有焦点放在两个儿子身上,使得他们活在母亲强烈的情感投射中,这不是真正的爱,而是一种过度的关注。这种关注一方面使得孩子不能完全发展自我,无法独立地去探索世界;另一方面使得明玉爸爸得不到应有的情感关注,疏忽了夫妻关系的建设,家庭运行失衡,最后家庭成员关系紧张,两个儿子性格存在缺陷,没有形成成熟的自我,各自家庭也容易失衡。

父母关系才是家庭关系之轴,他们的相爱与亲密,情感合理联结才是孩子健康成长的坚实基础。当夫妻关系失衡时,或者角色界限不清时,孩子潜意识里,就会想要用自己的力量承担弱势一方的责任和情感,使之恢复平衡。所以,《都挺好》中苏家的两个儿子就分别承担了母亲对"丈夫"这一角色的不同情感期待。苏母努力呈现了好妈妈的需求，这种努力的结果就是：孩子得到一份不完整、不健康的爱，他会终其一生地尝试去整合它们且不自知。

父母恩爱，是孩子建立所有关系的基石

孩子天生好奇敏感，爸爸妈妈的一言一行、相处模式、夫妻关系，他们都看在眼中，整日吵闹的家庭与平和温暖的家庭对孩子的影响总是大不相同的。家庭是孩子学习感受情绪、处理关系的第一个学校，如果爸爸体谅妈妈，妈妈理解爸爸，彼此之间相互尊重，相互悦纳，遇事不抱怨，有事先沟通，困难面前携手共进，那么孩子看到的是和谐关系的模式。他（她）会学习到与人相处是要尊重与悦纳的，是要包容的，并且会懂得如何去爱和被爱，懂得真正地厚待身边每一个人。在这样充满爱的家庭中，父母与孩子关系也不会差的。大多数家庭里，父母虽然对孩子宠爱有加，但夫妻之间彼此不尊重不体谅，在这样氛围中长大的孩子是自恋的，以为自己是全宇宙的中心，很难换位去理解他人，容易形成一种自私的性格。

恩爱的家庭里，父母会支持对方去实现人生追求，爱不是控制和索取，爱是接纳和尊重，爱是不断成长，做更好的自己。每个人都是独立的个体，每个个体都有发展自我的需求，当个体在成长时，会鼓动身边的人一起成长。身为父母，更加需要学习和成长，父母的成长、决定了孩子的成长、父母的关系，决定了孩子建立关系的方式。

家庭两个字，是一份信任与责任，是一份承诺与期待，父母恩爱是家庭走向幸福的前提，是一份会传承的福气。

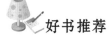

好书推荐

《父母的情绪——影响孩子的一生》

推荐理由：糟糕的婚姻和爱都是家族遗传病，本书结合实例说明父母接纳自己的不完美的理由与方法。书中还具体介绍了父母怎样对待孩子，怎样和孩子互动，怎样和孩子共同成长等问题及解决策略。

《婚姻:挑战》

推荐理由: 这是两性心理学经典著作,它是最早的一本明确将关注点引向婚姻问题的书。它不仅解决了如何处理婚姻关系中"挑战"这个问题,还全面系统地描述了婚姻关系的各个方面。书中种种经营婚姻关系的新方式,倡导以相互尊重的精神来解决两性之间的冲突和矛盾,使人们能够平等地一起生活。

《父母:挑战》

推荐理由: 这本书为我们提供了系列方法来解决父母困境,如引导孩子尊重秩序并接受社会规则,与孩子发展互动关系,给予孩子持续的鼓励。文中大量的临床案例犹如一面面镜子,能使我们照见自己,洞察自身的问题,获得更新与成长。

《孩子:挑战》

推荐理由: 本书从现代社会的思想变化开始,在生活方式、育儿方式改变的背景下,探讨如何在尊重孩子、给孩子平等自由的同时,让孩子尊重规则、承担责任、赢得合作,这是现代父母要面对的永恒挑战,父母要赢得的不是挑战,而是爱和尊重,以及相伴中的彼此成长。

《P.E.T.父母效能训练》

推荐理由: 这本书介绍了父母在各种情况下都能与孩子建立并保持一种有效的总体关系,父母不仅可以从中学到解决亲子问题的方法,还能了解何时使用、为何使用,能知其然并知其所以然。

参考文献

[1]蔡春.德性与品格教育论[D].上海:复旦大学,2010.

[2]段元秀.西方政治思想中的共识理论研究:从"个体同意"的共识到"对话与交往"的共识[D].天津:天津师范大学,2015.

[3]唐雁飞.我国基础教育中精英教育的反思与重建[D].南宁:广西大学,2015.

[4]杨云兰.论洛克的教育理念:幸福、自由与理性[J].教育文化论坛,2019(6):17—23.

[5]孟万金.论积极心理健康教育[J].教育研究,2008(5):41—45.

[6]孟万金.积极心理健康教育在中国[M].北京:教育科学出版社,2017.

[7]中国儿童中心.我国家庭教育指导服务体系构建与推进策略研究[M].北京:中国人民大学出版社,2016.

[8]孙云晓.亲子关系决定孩子一生幸福的密码[M].杭州:浙江文艺出版社,2016.

[9]孟育群.中小学生亲子关系与家庭德育研究[M].北京:教育科学出版社,2004.

[10]马勇,陈琼.青春期的孩子究竟在想啥[M].沈阳:辽宁人民出版社,2018.

[11]乔连杰.家校共育 桃李花开[M].济南:山东友谊出版社,2019.

[12]张宝良.家校共育 和美花开[M].北京:华龄出版社,2017.

[13]康丽颖.家校共育指导手册[M].长沙:湖南教育出版社,2018.

后 记

　　"家长咖啡厅"历经一年的策划、运转,收获颇丰。"家长咖啡厅"的研究、撰写和编校,在大家共同努力下,在谷雨时节终于完成。

　　"家长咖啡厅"其实是一个学习型组织,也是一个家校平等友好、深度对话沟通的平台,更是教师、专家、家长、社会人士自觉参与社会治理的一种实践探索。构建家校一体化、协同育人的德育新格局,需要全社会共同努力。

　　"家长咖啡厅"的精心谋划、有序运行、科学研究,凝聚了全体志愿者、骨干教师、专家学者和社会人士等太多人的汗水和心血,在这里真诚感谢你们的付出!

　　杭州市下城区教师教育学院副院长、下城区教育局德育研究室主任沈洪全程参与了"家长咖啡厅"的策划及实施组织工作,特别是在编著本书过程中,多次组织召开讨论会,做好协调及稿件修改、审核工作。申屠萍、马林、张骊、林凡、劳青青以及"唐西胜双新名师智慧空间站"的部分学员,既是"家长咖啡厅"的骨干志愿者,又是本书编写的积极参与者,全程负责了家长咖啡厅的运作服务,为本书的创作提供了大量鲜活而有价值的素材。罗晓莉、郑懿茜、谢雪梅、王露、赵阳、邵宇、邵璐直接编撰其中章节,体现了较高的业务素质和敬业精神。陆丽君发挥自身美术专业的特长,为本书绘制了精美的插图。

　　"家长咖啡厅"项目的运转与研究工作离不开专家的引领和指导。中国教育科学研究院领导、专家给予了该项目充分肯定和高度评价。同时,诸多专家、学者做客"家长咖啡厅",与家长、骨干教师乃至学生一起平等友好对话,事实上起到了很好的引导作用。这些专家在"大咖支着"栏目中都有介绍,这里不再一一赘述。浙江省教科院副院长王健敏、杭州市教科所副所长金卫国等对《家长咖啡厅》一书的编著提出了很好的指导意见。这些专家的加盟,让"家长咖啡厅"高朋满座,声音多元,智慧碰撞。

特别值得一提的是,一直为我们提供环境支持的"神秘咖啡园"的女主人孙凤丹女士,她怀着一颗公益善心,无条件支持家长咖啡厅的活动,在黄金时段(周末时间)把环境优雅、安静舒适的咖啡馆二楼整个空间留给了我们,还为我们免费提供茶水、咖啡以及可口的小点心。所有这些付出,为"家长咖啡厅"营造了一种朋友聚会式的休闲氛围,让参与者心无障碍地轻松交流和畅谈。

还有诸多为"家长咖啡厅"良好运转和本书编纂工作默默付出的人,因为版面所限未能一一列举,在此一并表示感谢!

庄子曰:"指穷于为薪,火传也,不知其尽也。"期望本书在家庭教育尤其是构建家校合作学习共同体实践中,能起到一点抛砖引玉的作用。书中有不足之处,希望同行海涵并批评指正。

唐西胜

2020 年 3 月

图书在版编目(CIP)数据

家长咖啡厅：德育工作家校一体化新思路 / 唐西胜，
沈洪编著. —杭州：浙江大学出版社，2020.8
ISBN 978-7-308-20269-5

Ⅰ.①家… Ⅱ.①唐…②沈… Ⅲ.①德育—学校教
育—合作—家庭教育—研究—中国 Ⅳ.①G78②G41

中国版本图书馆 CIP 数据核字(2020)第 099149 号

家长咖啡厅

——德育工作家校一体化新思路

唐西胜　沈　洪　编著

责任编辑	吴伟伟 weiweiwu@zju.edu.cn	
责任校对	杨利军	
封面设计	雷建军	
出版发行	浙江大学出版社	
	（杭州市天目山路 148 号　邮政编码 310007）	
	（网址：http://www.zjupress.com）	
排　版	浙江时代出版服务有限公司	
印　刷	杭州高腾印务有限公司	
开　本	710mm×1000mm　1/16	
印　张	11.75	
字　数	186 千	
版 印 次	2020 年 8 月第 1 版　2020 年 8 月第 1 次印刷	
书　号	ISBN 978-7-308-20269-5	
定　价	68.00 元	